Venedig

Der praktische Reiseführer

für Ihren Städtetrip

Impressum

Copyright © 2014 by arp
Herausgeber by arp
Lalererstrasse 12, 83224,Grassau, Deutschland
Internet: www.by-arp.de
Ausgabe Juli 2016
Alle Rechte vorbehalten
Covergestaltung by arp
Coverfoto: Blick zur Insel San Giorgio Maggiore
Text und Fotos Angeline Bauer

Inhaltsverzeichnis:

4

Was dieser Reiseführer bietet

Venedig gleicht einer Schatztruhe, randvoll angefüllt mit Sehenswürdigkeiten. Im historischen Zentrum gibt es allein neunzig Kirchen. Rechnet man die Kirchen hinzu, die auf den übrigen Inseln der Lagune stehen, sind es mehr als hundertsechzig.

Dass man Venedig nicht an einem, zwei oder drei Tagen wirklich kennenlernen kann, versteht sich da von selbst. Dennoch zählt kaum eine andere Stadt so viele Tagesbesucher.

Mit diesem Reiseführer können Sie die wichtigsten Sehenswürdigkeiten an einem Tag kennenlernen. Falls Sie länger bleiben können, bietet er Ihnen ein Zusatzprogramm für zwei oder drei weitere Tage an.

Das Besondere an diesem Reiseführer: Ein Altstadt-Rundgang, den wir für Sie zusammengestellt haben, bringt Sie in logischer Reihenfolge zu den wichtigsten Sehenswürdigkeiten. Die Fußwege sind kurz und verständlich erklärt. Wir geben auch Parktipps und erklären, wie man mit dem ‚Wasserbus' fährt.

Weitere Tipps und die wichtigsten Adressen, Links und Telefonnummern ersparen Ihnen in der Vorbereitungsphase für Ihren Venedigbesuchs mühevolles Recherchieren. Besondere Museen und Festivals finden ebenso Erwähnung wie regionale Spezialitäten oder mögliche Sightseeing Touren. Hotels oder Restaurants werden nicht empfohlen. Da sich Preise und Öffnungszeiten von touristischen Einrichtungen jederzeit ändern können, geben wir Links oder Telefonnummern an, damit Sie sich selbst erkundigen können.

Wissenswertes über Venedig

Venedig liegt im Norden Italiens, zwischen den Mündungen der Flüsse Adige (Etsch) und Piave, die in die Adria fließen. Es ist die Hauptstadt der gleichnamigen Provinz und hat etwas mehr als 260 000 Einwohner. Knapp dreiviertel davon leben in den Ortschaften auf dem Festland, die zur Stadt gehören. Mit dem Festland ist Venedig durch eine fast vier Kilometer lange Brücke verbunden – dem Ponte della Libertà.

1987 wurde Venedig zum UNESCO-Weltkulturerbe erklärt. Das bedeutet für die Venezianer Segen und Fluch zugleich. Es ist nicht einfach und vor allem sehr teuer, die historischen Bauten zu erhalten.

Errichtet wurde das historische Venedig auf hundertachtzehn kleinen und nahe beieinanderliegenden Landzungen und Inseln, die durch mehr als 430 teils sehr kleine Brücken miteinander verbunden sind. Zur Stabilisierung des Baugrundes hat man Abertausende von Eichenstämmen senkrecht in den Boden gerammt. 177 Kanäle umspülen die Häuser und Palazzi, die zum Teil nur vom Wasser aus zu erreichen sind. Straßen gibt es nicht im historischen Venedig, statt mit dem Auto fährt man mit Gondeln, Wasserbussen oder –taxen, oder man geht zu Fuß durch die engen Gassen.

Bereits seit Beginn des 18. Jahrhunderts ist der Tourismus ein wichtiger Wirtschaftszweig der Venezianer. Schon damals besuchten jährlich bis zu 30 000 Reisende die ‚Perle der Adria', um dort all die Kunstschätze zu bewundern, die sich über die Jahrhunderte angesammelt hatten.

Man nennt Venedig auch „La Serenissima" - die Durchlauchtigste. Dieser Beiname lässt erahnen, welcher Glanz, welcher Luxus dieser Stadt einst zu eigen war und welche Bedeutung sie in ihren großen Zeiten hatte. Venedig war Republik und Wirtschaftsmacht, gilt unter anderem als Wiege der Europäischen Glaskunst, des münzlosen Geldverkehrs und des Patentschutzes.

Bis ins 16. Jahrhundert war Venedig eine der größten und wichtigsten Handelsstädte Europas und dank seines Reichtums auch kulturelles Zentrum. Tizian, Giacomo Casanova, Claudio Monteverdi, Antonio Vivaldi und viele andere große und berühmte Künstler sind Söhne Venedigs.

Heute ist der Luxus der Lagunenstadt ein wenig verblasst, kann man Macht und Reichtum von einst nur noch erahnen. Der Zahn der Zeit nagt an ihr, und Pessimisten sprechen bereits vom nahenden Untergang. Doch vielleicht ist es gerade dieser ‚morbide Hauch', der den besonderen Charme der

Stadt ausmacht, den man sonst nirgends auf der Welt findet.

Ein anderer Beiname Venedigs ist ‚Stadt der Liebenden‘. Nicht nur George Clooney hat dort geheiratet, auch viele tausende Liebespaare aus der ganzen Welt geben sich jedes Jahr in einer der vielen Kirchen Venedigs das Jawort, und so bleibt es kaum aus, dass einem bei einem Stadtbummel hier und da eine Braut am Arm ihres Liebsten begegnet.

Das historische Venedig ist in sechs Verwaltungsbezirke aufgeteilt, die sogenannten Sestieri. Der 'Canal Grande' teilt sie in zwei Hälften. San Marco, Cannaregio und Castello befinden sich auf der einen Seite, Dorsoduro, Santa Croce und San Polo auf seiner anderen.

Am meisten Touristen lockt das Sestiere San Marco an. Dort befinden sich der Markusplatz mit seinem Uhrenturm, dem Dom, dem Dogenpalast, der Seufzerbrücke und dem berühmten Theater La Fenice.

Immer schon war dieser Stadtteil Mittelpunkt Venedigs. Es ist aber auch der teuerste Bezirk. Für einmal Kaffeetrinken am Markusplatz kann man in einer abgelegenen Osteria essen gehen.

Wer Zeit hat und dem großen Trubel entkommen will, sollte einmal für ein paar Stunden durch stillere Gassen und über lauschige kleine Plätze streifen. In den Stadtteilen Sestieri, Cannaregio oder Castello lernt man das Venedig der Venezianer kennen.

Geschichte in Kürze

Bereits die Etrusker hatten sich in der Lagune niedergelassen, um von dort aus Handel zu betreiben. Während der Völkerwanderungen in der Spätantike siedelten sich Veneter auf den Inseln an, die vor den Invasionen der Westgoten und Hunnen aus dem nordöstlichen Teil des heutigen Italiens flohen. Dieser Volksgruppe verdankt die spätere Republik Venedig ihren Namen.

Ab etwa Mitte des 6. Jahrhunderts bildeten die Orte in der Lagune den westlichsten Außenposten des Oströmischen Kaiserreiches (Byzanz). Um zu vermeiden, dass nur eine der großen Adelsfamilien zu viel Macht erlangte, entwickelte man eine Herrschaftsstruktur mit Vertretern der Inseln (Tribunen) und einem gewählten Dogen an ihrer Spitze.

Als das Byzantinische Reich im 8. Jahrhundert durch die fortlaufende Monopolisierung des Geldes zusehends geschwächt wurde, gewannen die Dogen mehr und mehr Einfluss. Es entstanden Machtkämpfe unter den Adelsfamilien, die schließlich zu einer eigenen Verfassung führten. Venedig wurde Republik und blieb es bis 1797.

Nicht nur die Politik, auch der Fernhandel wurde von den mächtigen Adelsfamilien der Stadt beherrscht. Vor allem das Grundnahrungsmittel Weizen brachte ihnen Reichtum ein, aber auch Luxusgüter wie Pfeffer und andere Gewürze oder wertvolle Öle, die übers Mittelmeer in die Stadt gebracht und nach Westeuropa weiter verhandelt wurden. Somit war Venedig Brücke zwischen Orient und Okzident.

Durch diese Monopolstellung entwickelte sich der Stadtstaat Venedig zu einer der größten Metropolen im damaligen Europa. Sowohl gesellschaftlich als auch handelstechnisch war er seiner Zeit immer weit voraus. Er war das größte Finanzzentrum, unterhielt die meisten Handels- und Kriegsschiffe und war damit mächtigste Seestreitmacht im Mittelmeer. Sein Einfluss reichte über das heutige Istrien, Dalmatien, den Peloponnes, Kreta und Zypern bis Konstantinopel, umfasste auch die sogenannte ‚Levante' (Syrien, Libanon, Jordanien und Palästina) und reichte zeitweise sogar bis nach Asien.

Aber auch der Schiffsbau hatte eine herausragende Stellung in Venedig. Die Werften waren mit Abstand die größten Arbeitgeber der Stadt. Auf einem zweiunddreißig Hektar großen Gelände (zwischen San Marco und den Biennale-Pavillons gelegen) entstanden bereits um 1200 Werften, Lagerhallen, Gießereien und Werkstätten. Dort wurde die Kriegsflotte gebaut, der die Stadt ihre Macht und ihren Reichtum zu verdanken hatte. Schon bald wurde das gesamte Gelände einschließlich der Werften und Betriebe verstaatlicht und zum Gebiet größter Geheimhaltung erklärt. Das ging so weit, dass selbst die Fenster der anliegenden Häuser und des Campanile der Kirche von San Francesco della Vigna, von dem aus man einen guten Blick auf die Werften hatte, zugemauert wurden. Auch heute noch unterliegt das Arsenal der italienischen Marine und wird streng bewacht.

Macht, Prunk und Reichtum brachten natürlich auch Neid und Konkurrenzkampf mit sich. Allein gegen Genua lieferte sich Venedig vier große Kriege. So verlor die Lagunenstadt im auslaufenden Mittelalter nach und nach seine Kolonien an die Osmanen. Die verheerende Pestepidemie von 1630, die Zunahme der Piraterie und die Eroberung der Neuen Welt durch Kolumbus taten ein Weiteres. Venedigs Monopolstellung begann zu bröckeln, sein Niedergang war besiegelt.

Ende des 18. Jahrhundert eroberte Napoleon mit seinen Truppen die Stadt. 1798 bis 1805 gehörte sie zu Österreich, dann wieder zum napoleonischen Königreich Italien, um schließlich an Österreich zurückzufallen. Zwar konnte man sich kurz gegen die österreichischen Belagerer behaupten, musste aber schließlich doch kapitulieren. Die letzte Belagerung durch Österreich wurde erst 1854 aufgehoben.

1866 schloss sich Venedig Italien an. Doch noch einmal übernahm eine fremde Macht die einstige ‚Perle der Adria‘, denn mit dem Sturz Mussolinis 1943 ging Venedig in die Hände der Nationalsozialisten über.

Heute leben die Venezianer hauptsächlich vom Tourismus, der Glaskunst, vom Baugewerbe und der

Industrie, die sich auf dem Festland vor der Lagunenstadt angesiedelt hat.

Die Gondeln von Venedig

Im 16. Jahrhundert zählte man mehr als zehntausend Gondeln in der Stadt, damals waren sie das klassische Fortbewegungsmittel auf den Kanälen Venedigs. Heute sind es nur noch vierhundert, und sie werden vor allem von Touristen genutzt. Nur zu Hochzeiten, Beerdigungen oder ähnlichen Anlässen mieten auch Venezianer eine Gondel.

Der Name ‚Gondola' bezeichnete anfänglich alle flachen, kiellosen Boote. Vermutlich im 11. Jahrhundert entwickelte sich daraus der typisch venezianische Bootstyp mit den charakteristischen Bugeisen. Zu Beginn waren die Gondeln gerade und wurden von zwei Gondoliere gesteuert, so wie auch heute noch die Traghetto-Gondeln (Fähren zum Überqueren des Canal Grande). Erst im 19. Jahrhundert entwickelte der Bootsbauer Tramontin die charakteristische gekrümmte Form, die es ermöglicht, dass nur ein Mann das Boot fährt.

Zu Beginn waren die Gondeln bunt und prunkvoll. Die Venezianer schmückten sie mit Blattgold, Brokat und Seide oder bemalten sie mit leuchtend bunten Farben. Der Doge Gerolamo Priuli gebot dieser Prunksucht schließlich Einhalt; seit 1562 dürfen Gondeln mit wenigen Ausnahmen ausschließlich schwarz sein.

Lediglich in zwei Werften werden heute noch Gondeln hergestellt. Sie zu bauen ist sehr aufwändig. Der Rumpf einer Gondel besteht aus zweihundertachtzig Teilen, es werden neun verschiedene Hölzer verarbeitet, und für ihren Bau benötigt man etwa fünfhundert Arbeitsstunden. Je nach Gondel gibt es Sitzplätze für zwei bis sechs Personen. Früher einmal waren die Sitze überdacht, das Dach nannte man Felze. Eine moderne Gondel, wie sie seit Ende des 19. Jahrhunderts gebaut wird, misst in der Länge 10,85 Meter, in der Breite 1,42 Meter. Um das Gewicht des Gondoliere auszugleichen, ist ihre Form asymmetrisch. Auf der Backbordseite ist eine Gondel breiter und länger als auf der Steuerbordseite. Auch das goldfarbene Bugeisen war ursprünglich nicht mehr als ein Gegengewicht zum Gondoliere – inzwischen ist es zum Symbol der Stadt geworden.

Die Fahrt mit der Gondel und der Blick auf Venedig vom Wasser aus ist natürlich ein traumhaftes Erlebnis. Doch sollte man den Preis unbedingt vorher aushandeln! Die Preisgestaltung richtet sich nach Personenanzahl, Bootstyp und Fahrzeit. Als grobe Richtlinie: Für eine fünfzigminütige Standardtour bezahlt man 80 bis 100 Euro.

Sehr viel preiswerter ist das Übersetzen mit einem der Traghetti. Sie sind länger und etwas anders gebaut als die Gondeln und werden an Stellen, wo Brücken fehlen, als Fähren zum Überqueren des Canal Grande genutzt.

Venedig zu Fuß

Einerseits kann man in Venedig nie wirklich verloren gehen, denn irgendwie findet man immer zurück zum Canal Grade oder zum Markusplatz. Andererseits ist es fast unmöglich, eine bestimmte Adresse zu finden. Dazu benötigt man einen detaillierten Stadtplan, denn in den vielen verwinkelten Gässchen, die einen über viele Brücken und Kanäle führen, hat man sich schnell verlaufen. Wer also eine bestimmte Adresse aufsuchen will, muss sich durchfragen und braucht dazu den Straßennamen, den Namen des Bezirkes und die Hausnummer. Ohne diese Angaben ist es kaum möglich, sein Ziel zu finden, da sich einige der Straßennamen wiederholen. Die Venezianer selbst nennen, wenn sie sich zu einer Adresse durchfragen, sicherheitshalber auch noch den Namen der Kirche, die zum Viertel gehört.

Übrigens haben nur wenige von den über 430 Brücken Venedigs einen Namen, und nur der Markusplatz trägt die Bezeichnung 'Piazza'. Alle anderen Plätze Venedigs nennt man Campi.

Venedig für Rollstuhlfahrer

Viele der Brücken in Venedig bestehen aus Treppen oder sind sehr steil, und nur ein geringer Teil von ihnen ist mit Liften oder Rampen rollstuhlgerecht ausgestattet. Trotzdem können Rollstuhlfahrer die Stadt erkunden, denn die wichtigsten Sehenswürdigkeiten sind mit den Vaporetti erreichbar.

Fahrten für Behinderte und ihre Begleitperson sind sehr günstig. Rollstuhlgeeignete Schiffe erkennt man an ihrer speziellen Kennzeichnung. Allerdings ist es manchmal etwas schwierig, auf die schwimmenden Schiffsanleger zu kommen. Hier benötigt man unter Umständen Hilfe, die man unter den Einheimischen aber schnell findet, denn sie sind gehandicapten Menschen gegenüber sehr hilfsbereit.

Wer es einrichten kann, sollte die Lagunenstadt kurz vor dem Venedig-Marathon oder in den sechs bis acht Wochen danach besuchen. Während dieser Zeit sind fast alle Brücken zwischen S.Marco und den Giardini sowie entlang der Zattere mit Rampen versehen. Auch während der Biennale werden viele Brücken zwischen San Marco und Piazzale Roma mit Rampen ausgestattet. Da die Brücken teilweise mehr als fünfzehn Prozent Steigung aufweisen, ist ein kräftiger Begleiter von Vorteil. Im Winter werden die meisten Rampen abgebaut, denn da könnten sie vom Regen glitschig und damit gefährlich sein.

Da im historischen Venedig nicht alle Hotels einen Lift haben, muss bei Buchung explizit nachgefragt werden. Öffentliche WCs sind überwiegend rollstuhlgerecht.

Venedig mit Hund

Hunde benötigen einen EU-Heimtierausweis (gültige Impfung) und müssen einen Chip haben.

Offiziell gilt in Venedig Maulkorbpflicht! Nicht ohne Grund, denn tatsächlich ist ein Venedigbesuch für Hunde Stress. Es sind so viele Leute unterwegs und so viele Füße um das Tier herum, dass es leicht panisch werden kann und dann vielleicht aus purer Verzweiflung nach einem Bein schnappt. So ist mir das mit meinem Schäferhund passiert, der absolut liebenswürdig und gut erzogen war und bis dahin noch niemals nach jemandem geschnappt hatte. Sofort war ein Polizist zur Stelle. Wir mussten einen Maulkorb kaufen (er hat uns zu einem Laden gebracht) oder sofort die Stadt verlassen. Allerdings haben wir bei unserem diesjährigen Venedigbesuch keinen einzigen Hund mit Maulkorb gesehen. Die einheimischen Hunde sind den Trubel gewöhnt und trotten brav im Kielschatten ihren Menschen hinterher. Sie sind aber auch nicht zu Stoßzeiten unterwegs, sondern werden abends und morgens ausgeführt. Und man trifft sie weder auf dem Markusplatz noch an der Rialtobrücke.

Unser Tipp: Besorgen Sie Ihrem Hund statt eines Maulkorbs ein sogenanntes Halti (im Handel auch „Master Control" genannt). Normalerweise wird dieses ‚Kopfhalfter' als Lehrmittel für Hunde benutzt, die an der Leine ziehen. Man streift es über den Fang und schließt es im Nacken. Am Unterkiefer befindet sich ein Ring, dort hängt man das eine Ende der Leine ein, das andere Ende am Brustgeschirr. Sobald der Hund am Kopfhalfter zieht (oder Sie am Kopfhalter ziehen), verengt es sich um den Fang, und der Hund kann nicht beißen. Das Halti wird von Ordnungshütern gewöhnlich als ‚Maulkorbersatz' akzeptiert.

Begeistert wird Ihr Hund von dieser Maßnahme nicht sein, aber das Halti bedeutet für ihn doch viel weniger Stress als das Tragen eines Maulkorbs. Am besten, Sie üben zu Hause mit dem Halti, um ihn schon einmal daran zu gewöhnen.

Hunde dürfen auf den Vaporetti kostenlos mitfahren.

Kottütenspender gibt es in Venedig nicht, die Einheimischen müssen ihre Tüten vermutlich kaufen. Auch wenn das Wegräumen von Kot offiziell nicht Pflicht ist, sollte man es doch tun! Trotz der vielen einheimischen Hunde haben wir nie einen Hundehaufen irgendwo gesehen. Deshalb: Kottüten nicht vergessen!

Venedig mit dem Fahrrad?

Man kann mit dem Rad auf der fast vier Kilometer langen Brücke Ponte della Libertà bis zur Piazzale Roma (Bahnhof) oder zur Parkinsel Tronchetto am Hafen fahren. Von dort aus ist es möglich, mit der Autofähre zum Lido überzusetzen. Die Vaporetti nehmen keine Räder mit! Folgen Sie der Ausschilderung Ferryboat Lido.

Vom Lido kann man nach Norden über Punta Sabbioni weiter nach Jesolo radeln oder nach Süden bis Pellestrina und dort nach Chioggia übersetzen. Auch auf Sant' Erasmo ist das Radfahren erlaubt.

In Venedig selbst ist das Radfahren verboten und wegen der vielen Brücken auch gar nicht möglich. Schwingt man sich doch in den Sattel, wird man mit einer hohen Geldbuße bestraft. Will man sein Rad also zum Hotel mitnehmen, muss man es schieben und über die häufig mit Treppen versehenen Brücken tragen. In der Stadt braucht man dann einen Unterstellplatz im Hotel, denn außen geparkte Fahrräder entfernt die Polizei. Nur am Bahnhof (Centro Storzio) bzw. der Piazzale Roma gibt es Fahrradständer und ist das Abstellen erlaubt. Man kann auch in den Parkhäusern an der Piazzale Roma oder auf der Parkinsel Tronchetto nachfragen (siehe unter Parken für PKW), dort ist die Unterbringung sicherer, aber auch nicht gerade kostengünstig.

Ankunft in Venedig und weiter zur Altstadt

Es gibt zwei Möglichkeiten, das historische Venedig zu erreicht. Das ist einmal vom Land her, also von der Piazzale Roma. Und einmal vom Wasser aus, wenn man auf dem Parkplatz von Punta Sabbioni parkt, bzw. vom Lido oder einer der anderen Laguneninseln kommt.

Punta Sabbioni liegt auf einer Landzunge im Osten Venedigs. Dort gibt es einen großen überdachten und bewachten Parkplatz für PKW, Campingfahrzeuge und private Reisebusse (siehe auch unten). Wer dort parkt, setzt mit einem der Vaporetti in die Altstadt über. Vaporetto, so heißen die berühmten ‚Wasserbusse' Venedigs. Die Anlegestelle der Venecia Verkehrsbetriebe befindet sich gleich neben dem Parkplatz.

Am westlichen Rand der Altstadt liegen dicht beieinander der Busbahnhof ‚Piazzale Roma', der Hauptbahnhof, der Hafen Venedigs sowie die Insel Tronchetto mit diversen Parkhäusern und –plätzen. Man erreicht diesen Verkehrsknotenpunkt Venedigs über die Ponte della Libertà, eine fast vier Kilometer lange Brücke, die das Festland mit Venedig verbindet. Wer also Venedig mit dem Auto von Westen her anfährt, mit dem Taxi, dem Zug, einer der Buslinien aus dem Umland, dem Schiff oder einem offiziellen Flughafen-Transfer nach Venedig kommt, muss dort in eines der Vaporetti steigen.

Vaporettoverbindungen und Tickets

Wer die Altstadt von Punta Sabbioni oder vom Lido aus erreichen will, nimmt die Linie 14, die von der Brücke auf der rechten Seite zum Markusplatz fährt.

Wer von der Parkinsel Tronchetto aus unserem Rundgang folgen will, fährt mit dem People Mover bis zur Piazzale Roma. Dort ein Vaporetto der Linie 1 nehmen und bis Mercato di Rialto (Rialto-Markt) fahren.

Falls Sie nicht gleich unserem Rundgang folgen, sondern zuerst ein anderes Ziel ansteuern (zum Beispiel Ihr Hotel), hier noch Angaben zu den übrigen Linien:

Vom Busbahnhof (Piazzale Roma) und vom Bahnhof aus fahren die wichtigsten Linien in alle Richtungen, auch zu den stadtferneren Inseln. Die Linie 1 fährt wie die Linie 2 und die Linie 82 zum Markusplatz. Am schnellsten geht es mit der Linie 82. Sie fährt entlang des Canal Grande, stoppt jedoch nur an wenigen strategischen Punkten. Die Linie 1 stoppt an allen Haltestellen und braucht entsprechend lange.

Die Linie 2 fährt ebenfalls zum Markusplatz, doch Achtung, sie stoppt nicht an jeder Haltestelle! Außerdem nimmt die Linie 2 verschiedene Wege. Von der Anlegestelle S.Chiara aus (sie hat den Buchstaben E) fährt sie über den Canale Giudecca (!) nach S.Marco. Von der Anlegestelle mit dem Buchstaben D fährt sie über den Canal Grande in Richtung S. Marco und während der Sommerzeit weiter bis zum Lido.

Die Linien 3 und 4.2 fahren von der Anlegestelle Scomenzera mit dem Buchstaben A aus in Richtung Murano, die Linie 5.2 in Richtung Lido.

Achtung: Bevor Sie einsteigen, prüfen Sie zur Sicherheit noch einmal Fahrt und Ziel, denn die Linienführungen könnten sich aus aktuellen Anlässen kurzfristig ändern!

Tickets der Schifffahrtslinie erhält man an den Verkaufsstellen von Hellovenezia auf der Piazzale Roma, am Ticketautomaten an den Landesstegen der Actv, in Bars und Tabakläden mit dem Zeichen ACTV, oder auch online über die Website www.veneziaunica.it. Auch an Bord können Fahrkarten gekauft werden, man muss dem Personal jedoch schon beim Einsteigen Bescheid geben.

Für Gruppen können Tickets über das Touristenbüro Turismo di Vela Spa unter der Email-Adresse turismo@velaspa.com bezogen werden.

Die 60-Minuten-Karte ist ab der Entwertung 60 Minuten lang gültig. Mit ihr kann man auch umsteigen, sofern man in dieselbe Richtung weiterfährt (Rückfahrt ist nicht möglich!). Man darf nur ein Gepäckstück von der Größe eines kleinen Koffers mitführen.

Eine Tages- oder Mehrtageskarte hat je nachdem eine Gültigkeit von 12, 24, 36, 48 oder 72 Stunden. Mit ihr kann man unbegrenzt auf allen Wasserlinien und Landlinien des Nahverkehrs innerhalb der Kommune Venedig fahren, einschließlich des Lido-Busses und des Stadtverkehrs in Mestre.

Leider sind die Vaporettofahrten sehr teuer. Eine Tageskarte lohnt sich schon, wenn man mehr als zwei Fahrten pro Tag unternimmt.

Auskunft Vaporetto – Tel: Callcenter Hellovenezia (0039) 041 2424

http://www.sognare-venezia.net/info/vaporetto/venedig-vaporetto-wasserbus-schiffslinien-karte-fahrplan-preise.html

http://www.venedig.net/fortbewegung/die-wasserbusse.htm

Anreise mit dem Zug

Venedig hat zwei große Bahnhöfe: Der Bahnhof Stazione di Venezia Mestre liegt auf dem Festland. Der Hauptbahnhof Stazione di Venezia Santa Lucia liegt am Rande des historischen Stadtzentrums. Falls Sie mit dem Zug anreisen wollen, lösen Sie am besten ein Ticket zum Bahnhof Santa Lucia. Etwa fünfzig Meter vom Bahnhofausgang entfernt befinden sich die Anlegestellen des Schifffahrtsservice ACTV. Mit einem der Wasserbusse (Vaporetti), die dort abfahren, gelangen Sie ins Zentrum. Fahrtrichtung links. Für unseren Rundgang nehmen Sie die Linie 1 und steigen am Rialtomarkt aus.

Anreise mit dem Schiff

Die Kreuzfahrtschiffe und einige der Fähren legen an der Stazione Marittima an. Von dort aus kommt man mit dem People Mover, einer führerlosen Kabinenbahn, die auf Stelzen in einer Höhe von sieben Metern fährt, zur Piazzale Roma. Züge gehen praktisch im Minutentakt, in kurzer Zeit ist man am Ziel. Fahrkarten sind günstig, man bekommt sie an der Station. Für unseren Rundgang nehmen Sie an der Piazzale Roma ein Vaporetto der Linie 1 (Fahrtrichtung links) und fahren bis Rialtomarkt.

Die Fähren von und nach Slowenien und Kroatien legen am Kai von San Basilio (Molo San Basilio - Banchina di S. Basegio) an.

Tipp: Falls Ihr Kreuzfahrtschiff von Venedig aus startet - direkt am Hafen gibt es diverse Parkhäuser (siehe unten).

Anreise mit dem Flugzeug

Mit dem Flugzeug landen Sie entweder auf dem Aeroporto di Venezia Marco Polo oder auf dem Aeroporto die Treviso. Letzterer ist etwa 25 Kilometer von Venedig entfernt. Ein direkter Bus fährt vom

Flughafen zur Piazzale Roma, die Fahrzeit beträgt etwa 40 Minuten.

Vom Aeroporto di Venezia Marco Polo aus kann man mit dem ATVO Express oder mit dem Bus Nr.5 zur Piazzale Roma fahren. Fahrscheine bekommt man im Flughafen. Die Bushaltestelle befindet sich vor dem Flughafengebäude.

Will man vom Aeroporto di Venezia Marco Polo aus mit dem Boot in die Stadt fahren, ist die günstigste Alternative der Wasserbus (Vaporetto). Er verkehrt im Stunden-Takt und fährt direkt zum Markusplatz. Fahrzeit etwa eine Stunde. Fahrscheine bekommt man am Schalter links vom Zoll im Flughafengebäude.

Die Fahrt mit dem Boot der Alilaguna von Marco Polo dauert 40 bis 90 Minuten und ist etwa um die Hälfte teurer. Wer sich einen Transfer mit dem Taxiboot leisten will, muss sehr tief in die Tasche greifen. Aber fragen kostet ja nichts, bei einer größeren Familie mit viel Gepäck kann es eine interessante Alternative sein.

Anreise mit dem Bus

Wenn Sie mit dem Flughafentransfer oder einer der offiziellen Buslinien ankommen, steigen Sie an der Piazzale Roma aus. Gehen Sie dann zur Brücke (Ponte della Costituzione). Dort sind die Anlegestellen des Schifffahrtsservice ACTV. Von da fahren die wichtigsten Fährverbindungen ins Zentrum ab. Für unseren Rundgang nehmen Sie die Linie 1 und steigen am Rialtomarkt aus. Fahrtrichtung links.

Private Reisebusse fahren, sofern sie nicht in Punta Sabbioni parken, die Insel Tronchetto an. Von dort startet die Schiffs-Linie 2, die bis zum Markusplatz fährt. Für unseren Rundgang steigen Sie an der Rialtobrücke aus und gehen über die Brücke zurück zum Rialtomarkt.

Oder Sie fahren mit dem People Mover (Kabinenbahn, die auf Stelzen in einer Höhe von sieben Metern fährt) zur Piazzale Roma, nehmen dort die Linie 1 (Fahrtrichtung links) und steigen für unseren Rundgang direkt am Rialtomarkt aus.

Anreise mit dem Auto und Parken für PKW

Fährt man Punta Sabbioni an, parkt man am dortigen Parkplatz gleich neben der Anlegestelle der Venecia Verkehrsbetriebe und setzt mit dem Vaporetto über. Der Parkplatz Punta Sabbioni ist überdacht und bewacht und relativ günstig. Zeigt man seine ADAC-Karte vor, bekommt man zusätzlich Rabatt.

http://de.acivenice.com/parkplaetze/parkplaetze.html

Fährt man Venedig vom Westen her an, gibt es einige Parkplätze auf dem Festland, die relativ günstig sind. Sie sind vorab buchbar und auch für Langzeitparker geeignet. Hier der Link: http://www.parkvia.com/de-DE/hafenparkplatz/venedig-hafen

Auch der Parkplatz Mondrial liegt noch auf dem Festland. Er ist bewacht, aber nicht überdacht und sehr günstig. Man biegt kurz vor dem Ponte della Libertà (Brücke, die das Festland mit Venedig verbindet) rechts ins Industriegebiet ab. Zur Bushaltestelle direkt an der Hauptstraße sind es zu Fuß nur zwei oder drei Minuten.

Mondrial Park Srl / Via Dei Petroli, 530175 Venezia / Tel: (0039) 0415316684

Am teuersten aber auch am einfachsten ist das Parken in den Parkhäusern auf der Piazzale Roma oder der künstlich angelegten Insel Tronchetto. Will man auf die Insel Tronchetto (oder zum Fährhafen), fährt man über die Ponte della Libertà und biegt noch auf der Brücke rechts ab.

Auf Tronchetto gibt es einige Parkhäuser und ausgewiesene Behindertenparkplätze, wie auch eine Polizeistation, einen Geldautomaten, ein Reisebüro für Lastminute Angebote in Venedig und einen Fahrkartenschalter der Verkehrsbetriebe (ACTV).

Rechts vom Fahrkartenschalter führen Treppen zu den Anlegestellen der Vaporetti der Linie 2, die ins Zentrum fährt. Für unseren Rundgang steigt man an der Rialtobrücke aus und geht über die Brücke zurück zum Rialtomarkt. Man kann aber auch mit dem People Mover zur Piazzale Roma fahren, was bedeutend schneller geht. Der People Mover ist eine führerlose Kabinenbahn, die auf Stelzen in einer Höhe von sieben Metern mit einer Geschwindigkeit von acht Metern die

Sekunde fährt und im wenigen Minuten schon am Bahnhof ist. Fahrkarten gibt es an der Station. An der Piazzale Roma nimmt man die Linie 1 und steigt für unseren Rundgang direkt am Rialtomarkt aus.

Unter folgendem Link kann man einen Parkplatz für PKW, Wohnmobil oder Reisebus auf Tronchetto vorbuchen, was unbedingt anzuraten ist:

Email: info-tronchettopark@interparking.com
Tel: (0039) 041 5207555

Auf der Piazzale Roma gibt es zwei große Parkhäuser und ein kleineres. Sant'Andrea ist jedoch nur für Kurzparker. Man bleibt einfach bis zum Ende auf der Ponte della Libertà und kommt so automatisch hin.

Einen Parkplatz in den Parkhäusern Autorimessa Comunale oder San Marco sollte man ebenfalls reservieren. Hier muss man den Schlüssel abgeben.

Garage San Marco S.p.a. / Piazzale Roma 467/F - 30135 Venezia
Tel. (0039) 041-5232213 / (0039) 041-5235101 - Fax (0039) 041-5289969

http://www.garagesanmarco.it/

Parken mit Campingfahrzeugen und Campingplätze

Auf dem Parkplatz Punta Sabbioni (siehe oben) kann man auch mit Wohnmobil parken, ebenso auf der Insel Tronchetto. Campieren ist auf dem ganzen Gelände jedoch verboten!

Vorbuchen ist anzuraten:
http://www.vtp.it/azienda/mappa.jsp

Campingplatz Fusina Tourist Village liegt an der Mündung des Brenta-Kanals, Venedig direkt gegenüber. Er ist ganzjährig geöffnet. Vaporetti fahren regelmäßig ins Zentrum. Dauer etwa zwanzig Minuten. E-mail: info@campingfusina.com

Der Agrocampingplatz Al Bateo liegt am südlichsten Zipfel von Punta Sabbioni und ist etwa dreihundert Meter von der Vaporetto-Anlegestelle entfernt. Fahrtzeit zur Altstadt etwa dreißig Minuten.
http://www.albateo.it/dinamic/pages/main/?lang=deu

Camping Venezia Village. Von hier aus ist man mit dem Bus in nur 5 Minuten in der Stadt. Die Busfahrkarten können direkt an der Rezeption gekauft werden.

http://www.veneziavillage.it/home-page.php?lang=deu

Die Venice Card

Wenn man länger als zwei Tage in Venedig bleibt, kann die Venice Card oder die Dreitageskarte für junge Leute zwischen 14 und 29 Jahren interessant sein, da man durch sie Preisermäßigungen im öffentlichen Nahverkehr, in Museen und in den öffentlichen Toiletten der Stadt erhält. Man kann sie an den Verkaufsstellen von Hellovenezia auf der Piazzale Roma bekommen.

Mehr dazu hier:
http://www.zainoo.com/de/italien/venetien/venedig/c arta-venezia

Am Fahrkartenschalter Hellovenezia erhält man außerdem Karten für Vorstellungen und Venedig-Events. Spezielle Tarife gibt es für Studenten- oder Seniorengruppen, organisierte Gruppen mit mindestens 20 Personen oder Gruppen von Kongressteilnehmern mit mindestens 100 Personen.

Canal Grande

Das Jesuitenkloster

Seufzerbrücke mit Gefängnistrakt

Der Campanile mit Dogenpalast

Isola San Giorgio Maggiore

Canal Grande

Rialtobrücke

Der Fischmarkt

Rundgang

Da es in Venedig sehr viele Tagestouristen gibt, die sich um die bekanntesten Sehenswürdigkeiten scharen, muss man vor allem zur Hauptreisezeit vor touristischen Einrichtungen mit großen Menschenmassen und sehr langen Warteschlangen rechnen. Da wird die Zeit knapp, falls man Paläste, Kirchen und Museen auch von innen besichtigen will.

Oft kommt man in einer Gruppe mit Führer durch einen Extraeingang an den langen Warteschlangen vorbei. Diese Führungen müssen vorab gebucht werden und sind leider nicht gerade günstig.

Übernachtet man in Venedig, macht man sich am besten gleich morgens um halb acht auf den Weg. Zu früher Stunde gelangt man auch ohne Wartezeit in den Palast oder den Dom und kann sich dort ganz ohne Gedränge umsehen.

Rundgang ab Markusplatz

Wir beschreiben unseren Rundgang ab Piazzale Roma/Bahnhof. Sollten Sie von Punta Sabbioni oder vom Lido aus nach Venedig kommen, gibt es zwei Möglichkeiten, unserem Rundgang zu folgen.

Entweder Sie bleiben gleich am Markusplatz, rufen im Inhaltsverzeichnis mit einem Klick Dogenpalast auf und folgen dem Rundgang ab hier (Artikel aufsteigend). Die Reihenfolge wäre dann: Dogenpalast mit Seufzerbrücke, Libreria Vecchia, Campanile, Uhrturm, Piazza San Marco und durch die Fabbrica Nuova weiter zur Kirche Santa Maria della Salute. Von da fahren Sie mit dem Vaporetto bis zum Bahnhof, denn die Kanalfahrt ist ein Erlebnis und gehört zu unserer Sightseeintour! Von dort nehmen Sie ein anderes Vaporetto zurück zur Rialtobrücke und gehen wie vorgeschlagen zum Markusplatz.

Oder Sie steigen am Markusplatz um und fahren weiter bis zum Bahnhof und von dort mit der Linie 1 wieder zurück zum Rialtomarkt. Dieser zweiten Möglichkeit würden wir den Vorzug geben.

Achtung: Für die Rückfahrt müssen Sie ein neues Ticket lösen, denn Einzeltickets gelten immer nur für eine Richtung!

Tipp: Ab drei Fahrten lohnt sich bereits ein Tagesticket.

Rundgang ab Bahnhof

Canal Grande

Besteigen Sie am Bahnhof ein Vaporetto der Linie 1, versuchen Sie einen Platz links in Fahrtrichtung zu ergattern und fahren Sie zum Rialtomarkt. Die Fahrt dorhin ist bereits ein Teil der Besichtigungstour. Man kommt an zahllosen der prachtvollen, manchmal auch ein wenig heruntergekommenen Palazzi vorbei, sieht viele der mehr als zweihundert Kirchtürme der Stadt über die Dächer ragen, riecht, hört und bestaunt das geschäftige Treiben auf dem 'Großen Kanal', der Hauptverkehrsader der Lagunenstadt. Gondeln und Tronchetti, Motorboote, Vaporetti und Kähne kreuzen den Weg. Polizei- und Postboote, Abfallbeseitigung zu Wasser, Rettungsboote oder Trauergondeln können einem begegnen – nirgendwo sonst ist das so zu erleben.

Gleich zu Beginn der Fahrt, dort wo der erste Seitenkanal nach links abzweigt, sehen Sie die **Kirche San Geremia** mit ihrer mächtigen Kuppel und dem weitaufragenden Kampanile dahinter.

Am nächsten, etwas kleineren Seitenkanal gelegen, der steinweiße Palazzo **Vendramin-Calergi** mit seiner filigranen Fensterfront, die aussieht, als sei sie aus Klöppelspitze. Hier starb Richard Wagner, der mehrmals in Venedig war und sich von den Gesängen der Gondoleri inspirieren ließ. Heute ist dort die Spielbank von Venedig untergebracht.

Drei Seitenkanäle weiter der Palast **Ca' d'Oro**. Obwohl er den stolzen Namen 'Goldpalast' trägt (es heißt, seine Fassade sei einmal mit Gold überzogen gewesen), hat auch er diese helle Farbe und ist nicht minder schön und filigran als der Palazzo Vendramin. Er wurde zwischen 1421 und 1442 erbaut, gehörte im 19. Jahrhundert Maria Taglioni, der Tänzerin, die den Spitzentanz erfand. Heute ist dort ein Museum untergebracht, in dem man neben Gemälden, Teppichen und Skulpturen auch das Mobiliar venezianischer Patrizier bestaunen kann.

Und noch ein Stück weiter sehen Sie **Ca'da Mosto**. Der Palast wurde im 13. Jahrhundert als casa fondaco erbaut – so nannte man Gebäude, die einem Kaufmann als Wohnung und Lager zugleich dienten. Vom 17. bis ins 19. Jahrhundert war Ca'da Mosto ein Hotel – das beste Haus Venedigs. Berühmtheiten und gekrönte Häupter stiegen dort ab, auch Joseph II. oder der russische Kronprinz und spätere Zar Paul I. zählten zu den Gästen. Ca'da Mosto ist das älteste Gebäude am Canal Grande.

Ihm gegenüber liegt der Mercato di Rialto (Rialtomarkt). Hier steigen Sie aus. Weil der ‚Markt von Rialto'in den Morgen- und frühen Vormittagsstunden am authentischsten ist, beginnen wir hier unseren Spaziergang.

Rialto-Markt (Fischmarkt)

Das Areal Rialto zählt zu den ältesten besiedelten Plätzen der Lagune. ‚Rialto' leitet sich vom italienischen ‚ rivo alto' ab, was ‚hohes Ufer' bedeutet.

Der Markt von Rialto, auf Italienisch ‚Mercato di Rialto', besteht bereits seit dem neunten Jahrhundert und war einst der wichtigste Handelsplatz der Stadt. Was auch immer unter die Leute gebracht werden sollte, kam mit Schiffen auf dem Wasserweg hierher, wurde von Steuerbeamten inspiziert, entladen, verkauft und weitertransportiert. Auf dem Rialto-Markt deckte sich nicht nur der Einzelhandel mit Frischwaren wie Fisch oder Gemüse ein, sondern es wurden auch große Partien für den Export abgewickelt, Preise festgelegt, Gold und Silber gehandelt und Schiffe vermietet.

Nach dem verheerenden Brand von 1514, der Rialto zum großen Teil zerstörte, wurde ein Architekturwettbewerb ausgeschrieben, um das Areal wieder aufzubauen. Den Sieger erwarb Antonio Abbondi. Sein Konzept sah getrennte Geschäftsbereiche vor. Handelsgüter wie Fisch, Obst und Gemüse, die leicht verderblich waren und viel Abfall mit sich brachten, verlegte er an die Ufer des Kanals. Auf der Brücke und entlang der ruga degli orefici (Goldschmiedgasse) wurden Gold, Silber und Gewürze verhandelt, Tuche gab es am Campiello vor S. Giacomo di Rialto, und Geldgeschäfte wurden nunmehr ausschließlich am Campo S. Giacomo getätigt.

Das heutige Gebäude, in dem sich der Fisch- und Gemüsemarkt befindet, ist relativ neu. Es wurde erst im Jahre 1907 auf achtzehntausend Lärchenholzpfählen errichtet. Hier werden ausschließlich Frischwaren angeboten. Gemüse, Fleisch und Blumen - doch am berühmtesten ist der Rialto-Markt für seine reiche Auswahl an Fisch und Meeresfrüchten, die fangfrisch überwiegend aus den Gewässern der Lagune kommen. Das Obst und Gemüse, das auf dem Markt verkauft wird, gedeiht zum Großteil auf Sant Erasmo, einer ,Gemüseinsel' in der nördlichen Lagune, oder auf dem nahen Festland.

Der Markt öffnet ab acht Uhr seine Pforten. Ist man früh genug dort, kann man neben den Düften des Meeres auch ein wenig venezianische Atmosphäre schnuppern. Ab 16:00 Uhr und sonntags geschlossen.

Adresse: Campo de la Pesceria

So gehen Sie weiter: Über die Rialtobrücke auf die andere Kanalseite.

Rialtobrücke

Die Rialtobrücke führt über den Canal Grande. Sie ist 48 Meter lang, 23 Meter breit und hat eine Durchfahrtshöhe von siebeneinhalb Metern. Rechts und links auf ihr befinden sich Läden, in denen man Schmuck und Souvenirs kaufen kann.

Sie war nicht die erste Brücke an dieser Stelle. Es gab mehrere Vorgängerbrücken, die aus Holz bestanden und immer wieder morsch wurden oder Bränden zum Opfer fielen. Eine dieser Brücken brach 1444 zusammen, als eine große Menschenmenge von ihr aus die Hochzeitszeremonie des Marchese di Ferrara verfolgte. Anfang des 16. Jahrhunderts beschloss man, eine Brücke aus Stein zu bauen. Doch bis der Plan umgesetzt wurde, vergingen noch einmal achtzig Jahre.

Errichtet wurde die Rialtobrücke von Antonio Contini, der die Ausschreibung eines Architektenwettbewerbs gewann, an dem auch Michelangelo teilgenommen hatte. Sein Entwurf machte ihn so berühmt, dass man ihm den Beinamen Antonio da Ponte gab. 1592 endlich war die Rialtobrücke fertiggestellt und blieb bis 1854 die einzige Brücke, die über den Canal Grande führte. Inzwischen sind drei moderne Brücken hinzugekommen.

Von hier gehen Sie zu Fuß auf der ‚Merceria' bis zum Markusplatz weiter – sie ist die Einkaufsmeile Venedigs. Von der Rialtobrücke geradeaus. Sie stoßen auf die Merceria II Aprile, die Sie nach rechts führt. An der Kirche San Salvador links, hinter der Kirche wieder rechts. Nun lassen Sie sich treiben. Sie landen automatisch auf dem Markusplatz.

Die Merceria

Die Einkaufsstraße und Flaniermeile Venedigs erstreckt sich von der Rialtobrücke zum Markusplatz und fügt sich aus mehreren kleinen Gässchen zusammen:Merceria II Aprile, Merceria San Salvador, Merceria San Zulian und Merceria dell'Orologio.

Mercerie bedeutet Kurzwaren. Einst boten hier Händler Borten, Knöpfe und anderen Krimskrams des täglichen Lebens an. Heute findet man in den Gässchen Schmuck, Mode, Karnevalsmasken, und – kostüme und natürlich allerlei Souvenirs zu teilweise horrenden Preisen.

San Salvador

Wie oben beschrieben, kommen Sie an der Kirche San Salvador vorbei, einer der größten Kirchen Venedigs, die im Grundriss der Markuskirche ähnlich ist. In San Salvador findet man Werke von Alberti, Bramante und Michelangelo. Den Hochaltar schmücken Gemälde von Tizian. Grabmäler von Dogen und hochgestellten Adelsfamilien sind in den Nischen und an den Wänden zu finden. Erbaut wurde San Salvador zwischen 1507 und 1534 ganz in der Tradition venezianischer Kreuzkuppelkirchen der Renaissance.

Weiter auf der Merceria del Capitello hinter der Kirche. Sie wird zur Merceria San Zulian und schließlich zur Merceria dell'Orologio - so benannt, weil sie direkt in den Torre dell'Orologio (den Uhrturm) am Markusplatz mündet.

Piazza San Marco (Markusplatz) mit Piazzetta dei Leoncini und Piazzetta San Marco

Die ersten Dogen Venedigs waren in Heracliana ansässig. Mitte des 8. Jahrhunderts verlegten sie ihr Domizil auf die Laguneninsel Malamocco und schließlich zu Beginn des 9. Jahrhunderts nach Rialto. Dort ließen sie auf dem heutigen Markusplatz ein Kastell errichten, und als 828 venezianische Kaufleute von einer ihrer Seereisen die Reliquien des heiligen Markus nach Venedig brachten, gleich daneben eine kleine Grabeskirche bauen. So erhielten Platz und Kirche den Namen San Marco.

Als im Jahre 976 Kastell, Kirche und zweihundert Häuser rund um San Marco abbrannten, musste das Areal neu bebaut werden. Diese Gelegenheit nutzte man, um den Platz, der als Herz und Aushängeschild der Stadt galt, großzügiger zu gestalten - doch noch immer war er viel kleiner als heute.

Mitte des 12. Jahrhunderts wurden der Flusslauf des Rio Batario, der den Markusplatz im Westen säumte, und eine Schiffsanlegestelle direkt vor dem Dogenpalast zugeschüttet, wodurch sich das Gelände beträchtlich vergrößerte. 1267 pflasterte man den Platz zum ersten Mal – und zwar mit Ziegelsteinen, die im Fischgrätmuster verlegt wurden, ähnlich wie auf der Piazza della Cisterna in San Gimignano.

Nach einem verheerenden Brand im 16. Jahrhundert, dessen Flammen auch der Dogenpalast zum Opfer fiel, entstand die jetzige Anordnung des Platzes. Seitdem misst er 175 Meter in der Länge und 82 Meter an seiner breitesten Stelle. Das Pflaster mit dem markanten geometrischen Muster, wurde 1722 verlegt.

Dem Markusplatz schließen sich die Piazzetta San Marco und die Piazzetta dei Leoncini an.

Die Piazzetta dei Leoncini befindet sich links neben der Basilika San Marco. Ein kleiner Brunnen und zwei steinerne Löwen, die seit 1722 dort stehen und dem Platz seinen Namen geben, zieren sie.

Den Namen Piazzetta San Marco trägt der Teil des Platzes, der sich zwischen Dogenpalast und der Biblioteca Nazionale Marciana zur Lagune hin erstreckt. Die beiden Säulen an seinem östlichen Ende tragen die zwei Stadtheiligen Venedigs – den Hl. Markus, als geflügelter Löwe dargestellt, und eine Skulptur des Hl. Theodorus, der auf einem Drachen steht. Dieser Teil des Platzes war im alten Venedig ‚das Tor zum Meer'. Hier landeten die Schiffe, die von weither kamen, von hier betrat man die Stadt, wenn man nicht vom Landesinneren anreiste. Doch nicht nur Staatsgäste wurden auf dem Piazzetta San Marco empfangen, auch Hinrichtungen wurden dort durchgeführt.

Viele beeindruckende Gebäude säumen seit seiner Neugestaltung den Markusplatz, von dem Napoleon schwärmte, er sei der schönste ‚Salon' Europas, dem als Decke zu dienen nur der Himmel würdig ist. Sie beherbergen luxuriöse Hotels, mondäne Geschäfte und das weltbekannte ‚Café Florian‘, in dem sich über Jahrhunderte hinweg Schriftsteller und andere Künstler trafen. Balzac und Marcel Proust, Richard Wagner, Thomas Mann und unser werter Dichterfürst Johann Wolfgang von Goethe waren im ‚Florian‘ zu Gast, das seit 1723 besteht und eine Sehenswürdigkeit für sich ist. Auch das Caffè Quadri, das auf der gegenüberliegenden Seite des Platzes liegt, ist ein Relikt aus vergangenen Zeiten. Es wurde 1775 gegründet.

Achtung! - Seit 2007 ist das Taubenfüttern nicht nur auf dem Markusplatz, sondern in ganz Venedig strengstens verboten und kann mit einer Geldstrafe bis zu 500 € geahndet werden. Verboten sind auch Picknicks auf den Stufen rund um S. Marco.

Uhrturm (Torre dell'Orologio)

Der Uhrturm, durch dessen Tor Sie bei unserem Rundgang den Markusplatz betreten haben, stammt von 1499 und war ursprünglich tatsächlich ein Turm. 1502–1506 setzte man zwei Flügelbauten an seine Seite, die 1755 um ein Geschoss aufgestockt wurden.

Die astronomische Uhr, mit vergoldeten Ziffern auf einem Zifferblatt aus Lapislazuli, zeigt neben der Zeit die Mond- und Sonnenphasen und die zwölf Tierkreiszeichen an. Auf dem Flachdach stehen eine Bronzeglocke und zwei riesige Figuren, die zu jeder vollen Stunde mit einem Hammer auf die Glocke schlagen. Darunter, als Sinnbild der weltlichen Macht des Dogenstaates, der Markuslöwe und unter ihm, als Vertreter des Himmels, die Mutter Gottes mit dem Jesuskind.

Anfang des 21. Jahrhunderts wurde die Turmuhr restauriert. Bis dahin wohnte und lebte der Uhrturmwächter mit seiner Familie im Turm. Doch nun wird sie digital gesteuert, und der Uhrturm kann im Zuge einer Führung in kleinen Gruppen besichtigt werden. Dabei lernt man einiges über die Funktion der Uhr und des Glockenwerkes. Vom Dach hat man eine schöne Aussicht auf den Markusplatz und die engen Gassen Venedigs.

Karten bestellt man am besten per Internet vor. Zum Beispiel hier:
http://www.florence-tickets.com/de/uhrturm-gef%C3%BChrte-tour.html

Der Campanile

Wie häufig in Italien, steht auch der Campanile von San Marco ein Stück von 'seiner Kirche' entfernt. Zum Glück, denn in den Vormittagsstunden des 14. Juli 1902 stürzte er in sich zusammen und lag als ein Haufen Schutt auf dem Platz. Ein Wunder, dass niemand zu Schaden gekommen war – einmal abgesehen von der Katze des Küsters, die unter den Trümmern begraben lag.

Dass es zum Einsturz kam, hatte mit vielen Faktoren zu tun. Der Turm war zu hoch, zu schwer und auf wackeligem Fundament zu schlecht verbaut. Ein Weiteres taten Blitzeinschläge, Erdbeben und ständigen Überschwemmungen, die dem Mauerwerk über ein Jahrtausend zugesetzt hatten. Als dann wenige Tage vor dem Einsturz ein Maueranker entfernt wurde, um einen Fahrstuhl einzubauen, war das Unglück vorausprogrammiert.

Der Campanile, den wir heute sehen, ist eine getreue Rekonstruktion - allerdings mit Aufzug in seinem Inneren. Im April 1912 wurde er eingeweiht. Sein Vorgängerturm stammte von 911 – es lag also ziemlich genau ein Jahrtausend dazwischen.

Der ursprüngliche Turm war bei seiner Entstehung noch sehr viel kleiner. Im Laufe der Jahrhunderte stockte man ihn mehrmals auf. 1510 bekam er eine Spitze, sieben Jahre später wurde auf die Spitze noch eine Figur aufgesetzt, die den Erzengel Gabriel darstellt. Damit maß der Campanile fast einhundert Meter und hatte sich zum höchsten Turm Venedigs gemausert.

Er ist mit fünf Bronzeglocken bestückt. Ursprünglich hatten sie alle ihre spezielle Bestimmung. Die Mezza Terza rief die Senatoren in den Dogenpalast. Die Trottiera kündigte den baldigen Beginn einer Sitzung des Großen Rates an. Die Marangona - sie ist die größte der Glocken und die einzige, die den Einsturz überstanden hatte und nicht neu gegossen werden musste - berief den Großen Rat schließlich ein, läutete außerdem zu Beginn und Ende eines Arbeitstages. Die Nona läutete mittags, die Renghiera, auch Malefico genannt, kündigte eine Hinrichtung an.

Wer mit dem Aufzug auf die Aussichtsplattform hinauffährt, hat einen eindrucksvollen Blick über die Stadt und einige der nahegelegenen Laguneninseln - und kann doch keinen einzigen Kanal sehen.

Tipp! - Am Aufzug des Campanile am Markusplatz muss mit sehr langen Wartezeiten gerechnet werden. Der Campanile auf der Klosterinsel, die dem Markusplatz gegenüber liegt, ist längst nicht so überlaufen, und man erreicht die Insel schnell und problemlos mit dem Vaporetto.

Der Markusdom

„Sie sieht aus wie ein monumentaler Taschenkrebs!", sagte Goethe einst über die Basilica San Marco. Auch Kunstsachverständige und andere, die etwas davon verstehen sollten, verliehen ihr das Prädikat: Hässlich! Dies vermutlich wegen ihres seltsamen, ein wenig klobigen Äußeren, vor allem, wenn man sie von oben betrachtet. Fünfundzwanzig Millionen Touristen, die Venedig jahrein, jahraus besuchen, scheinen da allerdings anderer Meinung zu sein. Doch von vorne – einer Legende nach hatte vor Zeiten ein Engel verkündet, dort, wo heute Venedig ist, würde einst eine große Stadt entstehen, deren Schutzpatron der Heilige

Markus sein sollte. Als die Stadt wuchs, wollte man der Legende Wahrheit verleihen. Also raubten im Jahre 829 venezianische Seeleute die Gebeine des Heiligen Markus aus einer Kirche in Alexandria, versteckten sie in einer Kiste mit Schweinefleisch (das ein Moslem niemals berühren würde) und schmuggelten sie so außer Landes, um sie nach Venedig zu bringen. Der Gebeine habhaft, beschloss man, eine Grabeskirche für sie zu errichten, und so löste der Hl. Marcus den Hl. Theodorus als Stadtheiligen ab.

Diese erste Kirche, in der man die Gebeine anno 836 feierlich bestattete, war aus Holz. Doch bereits vierzig Jahre nach ihrer Weihe brannte sie zusammen mit dem Dogenpalast und etwa 300 Häusern ab und mit ihr auch die Gebeine des Heiligen Markus. Glaubte man zumindest. Doch als man 1094 die neu entstandene Basilica (diesmal aus Stein erbaut) einweihte, entdeckte man während der Feierlichkeiten auf wundersame Weise die Gebeine wieder ...

In Grundzügen ist diese Kirche aus dem elften Jahrhundert die, die wir heute sehen. Jedoch wurde stetig an ihr weitergebaut und so ihr Aussehen zur Vollendung gebracht. Per Gesetz waren die Venezianer dazu verpflichtet, von ihren Seereisen Baumaterial und Kunstgegenstände zur Ausschmückung der Kirche mitzubringen, und so erklären sich die vielen unterschiedlichen Säulen, Baustoffe und außergewöhnlichen Kunstgegenstände, die sie beherbergt.

Ihr Grundriss bildet ein ungleichmäßiges griechisches Kreuz von 76,5 Metern in der Länge und 62,6 Metern in der Breite, wobei der westliche Seitenarm etwas breiter und länger ist als der östliche. Insgesamt befinden sich fünf verschieden große Kuppeln auf dem Dom - drei davon über der Vierung, je eine auf den Kreuzarmen.

Was die einstige ‚Staatskirche Venedigs' vor allem sehenswert macht, sind über viertausend Quadratmeter Goldmosaiken in ihrem Inneren, die aus dem 12. und 13. Jahrhundert stammen, und die vielen tausend auf der ganzen Welt zusammengestohlenen Kunstwerke, die sie zieren. Dazu gehören an die zweitausend verschiedene Säulen aus dem gesamten Mittelmeerraum, Reliquienschreine, Leuchter und Kelche, Ikonen und Goldemailarbeiten. Auch ein ‚Sessel des Hl. Markus' ist nennenswert, ganz besonders aber die Quadriga, vier bronzene, vergoldete Pferde über dem Hauptportal. Sie schmückten ursprünglich einen Triumphbogen in Rom, der zu Ehren Kaiser Neros erbaut worden war. Von dort nahm sie Kaiser Konstantin der Große mit nach Konstantinopel und ließ sie auf dem Hippodrom aufstellen. Anlässlich des Vierten Kreuzzuges gelangten sie um 1204 schließlich als Beutegut nach Venedig.

Bereits Geheimrat Goethe geriet ins Schwärmen über ihre Schönheit, und Kaiser Napoleon war so begeistert von den vier Rössern, dass er sie, nachdem er Herr über Venedig geworden war, in den Louvre nach Paris schaffen lies. Dort blieben sie allerdings nur achtzehn Jahre, bevor sie in die Lagunenstadt zurückgebracht wurden.

Wenn man über die Treppe in der Vorhalle auf die innere Galerie und von dort auf die äußere Galerie steigt, kann man den Markusplatz von oben betrachten und die Quadriga ganz aus der Nähe bewundern. Es handelt sich allerdings nur um eine Kopie. Das Original befindet sich im Museo Marciano.

Von den äußeren Mosaiken stammen nur die über dem linken Portal (Porta Sant'Alipio) noch aus dem 13. Jahrhundert. Sie zeigen den Markusdom zu Zeiten seiner Entstehung. Die anderen wurden im 16. bis 19. Jahrhundert ersetzt, teilweise nach Entwürfen aus den Schulen Tizians und Tintorettos. Hier sieht man biblische Szenen wie das Jüngste Gericht (mittleres Portal) oder die Überführung der Gebeine des Heiligen Markus nach Venedig. Über dem Spitzbogen des Mittleren Portals thront eine Statue des heiligen Markus, darunter ist ein goldenes Relief des geflügelten Markuslöwen zu sehen.

Auch die Gruppe der vier ‚Tetrarchen' ist zu erwähnen. Ein Tetrarch ist Herrscher über ein Stammesgebiet, das in mehrere Teile aufgeteilt einem Ethnarchen untersteht. In diesem Fall handelt es sich um Marcus Aurelius Gaius Valerius Diocletianus, kurz Diokletian, der von 284 bis 305 n. Chr. Kaiser war, und seine Mitherrscher Maximian, Constantius I. und Galerius. Diese Gruppe, die aus Vulkangestein gemeißelt wurde, mutet wie eine moderne Skulptur an, stammt jedoch aus der Zeit um 300 n. Chr. Sie wurde in Konstantinopel geraubt und 1204 nach Venedig gebracht. Sie befindet sich an der Porta della Carta, dem Tor, das zwischen Dogenpalast und Markusdom liegt.

Wer die Zeit findet, den Dom von innen zu erkunden, mietet sich am besten für ein paar Euro einen Audioguide.

So gehen Sie weiter: Über Piazzetta San Marco Richtung Wasser. Hier steht rechts, direkt gebenüber des Dogenpalastes, die

Libreria Vecchia

Die Libreria di San Marco bzw. Biblioteca Marciana mit dem angrenzenden Münzgebäude (Zecca) wurde im 16. Jahrhundert vom Architekten Sansovino entworfen und begonnen. Nach seinem Tod stellte sie Vincenzo Scamozzi fertig.

Hier findet man eine der wichtigsten Sammlungen griechischer, orientalischer und lateinischer Handschriften. Desweiteren beherbergt die Libreria mit beweglichen Lettern gedruckte Bücher und Einblattschriften aus dem 15. Jahrhundert (sogenannte Inkunabeln) sowie Drucke aus dem 16. Jahrhundert, und in ihrer Funktion als italienische Nationalbibliothek auch etwa eine Million Bücher aus neuerer Zeit.

Ihr gegenüber liegt der

Dogenpalast

In mehr als tausend Jahren haben einhundertzwanzig Dogen die Geschicke Venedigs regiert. Der erste Bau – damals noch ein schlichtes Kastell - entstand an dieser Stelle im neunten Jahrhundert und fiel schon bald den Flammen zum Opfer. Weitere Brände folgten, und schließlich wurden das Kastell und der Platz, an dem es lag, ganz neu gestaltet.

Die erste ‚Dogenresidenz ‘, die man wirklich als ‚Palast‘ bezeichnen kann, entstand im 12. Jahrhundert unter Sebastiano Ziani. Die heutige Gestalt erhielt der Palast im 14. und 15. Jahrhundert durch mehrere An- und Umbauten. Zu dieser Zeit war Venedig die reichste Stadt des Okzidents.

Noch dreimal zerstörten verheerende Brände den Palast, wobei die weiße Marmorfassade im Stil der Gotik erhalten blieb oder nach alten Plänen restauriert wurde. Nur im Inneren hat man sich beim Wiederaufbau am jeweiligen Zeitgeschmack orientiert und entsprechend ‚modernisiert‘.

Der Palast war nie nur Wohnstatt der Dogen, sondern immer auch Regierungs- und Verwaltungszentrum. Hier saßen zum Beispiel die Gerichte, wurden Volksversammlungen abgehalten und tagte der Große Rat.

An der Seite des Palastes, die man von der Piazzetta San Marco aus sieht, befinden sich im ersten Geschoss zwei Säulen aus rötlichem Veroneser Marmor, die sich bei genauem Hinsehen von den übrigen aus weißem Stein abheben. Zwischen ihnen wurden einst die Todesurteile verlesen. Vermutlich auch das des Dogen Marino Faliero und seines Verbündeten, dem Architekten Philippo Calendario. Ihnen wurde zur Last gelegt, eine Revolution gegen den herrschenden Adel geplant zu haben. Calendario hängte man sinnigerweise an einem der Bögen des Südflügels auf, der unter seiner Leitung gerade erst fertiggestellt worden war. Den Dogen köpfte man auf dem Richtplatz vor dem Palast. So geschehen am 7. April anno 1355. Aufgrund dieser Ereignisse war es unter Strafe verboten, auch nur über den Weiterbau des Palastes zu sprechen. Deshalb ruhte von da an der Bau siebzig Jahre lang, bis der Doge Tomaso Mocenigo 1322 dem ein Ende setzte. Nachdem er für sein ‚Vergehen‘ hundert Dukaten Strafe entrichtet hatte, ließ er weiterbauen.

Der älteste Teil des Dogenpalastes ist die dem Wasser zugewandte, nach Osten ausgerichtete Hauptfront. In ihrer Pracht war sie für jeden Reisenden, der vom Meer her in die Stadt kam, ein weithin sichtbares Zeichen der Macht. Ein Prunkportal sucht man dort jedoch vergebens, denn betreten wird der Palast vom Markusplatz aus, durch die überaus beeindruckende ‚Porta della Carta‘ – das ‚Tor der Bekanntmachungen‘.

Ebenso wie in der Markuskirche findet man im Palast eine Unmenge von Kunstschätzen aus vielen Epochen. Wer die Zeit für eine Besichtigung hat, kann dort Interessantes entdecken. Gemälde von so berühmten Malern wie Tizian, Veronese oder Vater und Sohn Tintoretto – aus ihrer Werkstatt sind sechsundneunzig Porträts von Dogen zu sehen - und sogar der flämische Maler Hieronymus Bosch ist vertreten. Das ‚Zimmer des Dogen' ist zu bestaunen oder der Saal des großen Rates, der Kastensaal, in dem die Bücher der venezianischen Adelsfamilien aufbewahrt werden, der Schildersaal, der Saal der vier Türen, die Hängenden Gärten, die Waffenkammer oder die Gefängnistrakte mit ihren dunklen, kargen Zellen.

Seufzerbrücke

Geht man am Molo, also auf der Seite zum Wasser hin, am Palast vorbei, sieht man rechts von ihm, hoch über dem kleinen Kanal, eine gedeckte Brücke im frühbarocken Stil. Das ist sie, die berühmte ‚Seufzerbrücke'!

Der Dogenpalast war gleichzeitig Sitz der Gerichte. Wer hier verurteilt wurde, musste über diese Brücke direkt in das angegliederte Gefängnis gehen. Weil den Gefangenen auf ihr angeblich ein leidgeprüftes Seufzen entfuhr, erhielt sie vom Volksmund schon bald diesen Namen.

Die Zellen direkt unter den mit Blei gedeckten Dächern nannte man ‚Bleikammern'. Sie waren besonders gefürchtet, weil es hier in den Sommermonaten unerträglich heiß wurde. In einer von ihnen fristete der berühmte Frauenheld Giacomo Casanova für einige Zeit sein Dasein - doch es gelang ihm die Flucht.

Von hier aus führt unser Weg wieder zurück auf den Markusplatz. Dort am Campanile links zur Fabbrica Nuova gehen. Es ist das Gebäude am Platz, das dem Campanile und dem Markusdom direkt gegenüber liegt.

Fabbrica Nuova

Die Fabbrica Nuova (übersetzt: ‚Neues Gebäude‘), wird auch ‚Ala Napoleonica (Napoleonischer Flügel) genannt. Es verbindet die ‚Alten Prokuratien‘ mit den ‚Neuen Prokuratien‘. Zusammen bilden die drei Gebäude den Rahmen um den Markusplatz. Die Prokuratien waren Amts- und Wohnräume der Prokuratoren - hohe Verwaltungsbeamte Venedigs, aus deren Reihen auch immer wieder Dogen hervorgingen. Im Erdgeschoss waren damals wie heute Geschäfte untergebracht.

An Stelle der Fabbrica Nuova stand einst die Kirche San Geminiano. Als Napoleon Bonaparte im Jahr 1797 Venedig vom letzten Dogen Ludovico Manin übernommen hatte, ließ er sie kurzerhand abreißen, um dem Platz neu zu gestalten. Das ‚Neue Gebäude‘ sollte den Platz schließen und zugleich Zugang zu seiner Residenz werden, zu der er die Prokuratien und die

Libreria machen wollte. Er bezog sie allerdings nie, denn als er nach Elba verbannt wurde, baute man noch daran. Heute befinden sich zwei Museen in dem Gebäude.

Mit der Gondel übersetzen

So gehen Sie weiter: Verlassen Sie die Piazza San Marco durch den äußersten linken Bogen der Fabbrica Nuova und gehen Sie auf der Salita San Moise geradeaus. Weiter geradeaus über Platz und Brücke, auf die Calle Larga XXII Marzo, links auf die All'Academina einbiegen, weiter bis zum Campo Santa Maria Zobenigo, dort auf der Calle Gritti links zum Canal Grande. Hier können Sie mit einer Fähre (eine Gondel, die von zwei Männern gesteuert wird), für eine geringe Gebühr zum anderen Ufer übersetzen.

Palazzo Dario und Palazzo Salviati

Achten Sie während der Überfahrt auf das Gebäude mit den großen, schmückenden Rundscheiben – es ist der Palazzo Dario, der seiner asymetrischen Gestaltung und seines charakteristischen Aussehens wegen zu den bekanntesten Gebäuden der Stadt zählt. Er wurde Ende des 15. Jahrhunderts fertiggestellt. Während die Fassade des Palazzo zum Canal Grande hin im Stil der Renaissance erbaut wurde, ist die Rückseite gotisch. Claude Monet malte die gotische Seite im Jahre1908 mehrmals unter verschiedenen

Lichtverhältnissen. Eines der Gemälde ist in einer ständigen Ausstellung in Chicago zu sehen.

Wie man sehen kann, neigt sich das Gebäude deutlich nach einer Seite. Schuld daran ist der instabile Grund. Wie dem Palazzo Dario ergeht es vielen venezianische Bauten und Uferkais. Auch der Markusplatz senkt sich immer weiter ab und ist inzwischen der am tiefsten gelegene Grund in Venedig.

Die hohen Schornsteine des Palazzos im typisch venezianischen Stil gehören zu den wenigen aus alter Zeit, die bis heute überlebt haben.

So schön der Palast auch ist – er scheint von dunklen Mächten beherrscht zu sein, denn von Anbeginn an kamen seine Besitzer und Menschen, die mit ihnen verbunden waren, unter mysteriösen Umständen ums Leben oder gingen in Konkurs. Zuletzt Raul Gardini Ende des vergangenen Jahrhunderts. Danach hatte wohl keiner mehr den Mut, den Palazzo zu kaufen, denn er stand lange Zeit leer, bis ihn schließlich ein amerikanischer Großkonzern erwarb.

Etwas weiter links der Palazzo Salviati. Er wurde um 800 erbaut und gehörte der berühmten Glasmacherdynastie Salviati. 1924 ließen seine Besitzer ihn um ein Stockwerk erhöhen. Bei dieser Gelegenheit entstand die Ausschmückung der Fassade mit goldenen Glasmosaiken, die gleichzeitig ein Aushängeschild der Firma waren.

Mosaikfliesen der Salvati sind in der ganzen Welt berühmt. Sie schmücken die Kuppel der St. Pauls Cathedral, den Eingang des Parlaments in London, das Entrée der Pariser Oper und viele andere berühmte Bauwerke.

Palazzo Corner della Ca'Grande und Palazzo Contarini-Fasan

Im Stadtteil Dorsoduro angekommen, sollten Sie zuerst den Blick auf die gegenüberliegende Seite des Canal Grande genießen.

Links sehen Sie den Palazzo Corner della Ca'Grande – 'Großes Haus' genannt, weil die überaus reiche Familie Cornaro noch zwei weitere Palazzi am Canal Grande besaß. Es ist das große, dreistöckige Gebäude aus grauem Stein mit den breiten Bogenöffnungen des ‚portego' und dem darüber liegenden durchlaufenden Balkon. Der Palazzo gehörte dem Bruder Caterina Corners, der Gemahlin des Königs Jacob II. von Zypern. Kurz nachdem die Neunzehnjährige Venezianerin Königin von Zypern geworden war, starb ihr Gatte auf mysteriöse Weise an Gift, und damit fiel Zypern an Venedig.

Links sehen Sie den Palazzo Contarini-Fasan. Es ist das kleine Gebäude mit den drei Bogenfenstern im ersten und den zwei Bogenfenstern mit Balkon im zweiten Stock. Das größere Gebäude rechts daneben ist der Palazzo Contarini. Die Familie Contarini zählte zu den zwölf vornehmsten Familien Venedigs und brachte einige Dogen hervor.

Im Palazzo Contarini-Fasan soll im 15. Jahrhundert Shakespeares Desdemona gewohnt haben, die von ihrem eifersüchtigen Mann Othello getötet wurde. Laut Shakespeare war Othello ein Mohr, doch hier liegt wohl ein Irrtum vor. Der Herr des Hauses hieß Cristoforo Moro und war von 1462 bis 1471 Doge von Venedig.

Wie auch immer, man kann die prächtige Wohnung in dem kleinen spätgotischen Palazzo für ein paar Tage mieten. Hinter den drei Fenstern zum Kanal befindet sich ein sehr großer, mit Antiquitäten eingerichteter Salon. Außerdem gibt es zwei Schlafzimmern mit jeweils einem Bad und eine Küche. Mietet man sie zu viert, ist sie im Vergleich zu den Hotels gar nicht einmal so teuer ...

So gehen Sie weiter: Richtung Osten, wo der Canal Grande sich zum Meer öffnet, dort steht die

Kirche Santa Maria della Salute

Am 8. Juni 1630 trifft ein Gesandter des Herzogs von Mantua mit seinem Gefolge in Venedig ein – im Gepäck hat er die Pest. Bald gibt es fast fünfhundert Leichen täglich in der Stadt, und mit dem Massensterben gehen Massenbegräbnisse einher.

Am 22. Oktober 1630 gelobte der Senat der Mutter Gottes feierlich, falls die Stadt von der Pest erlöst werden würde, wolle man ihr als Dank eine Kirche errichten. Fünfzigtausend Dukaten würde man dafür zur Verfügung stellen, und heißen solle sie ‚Santa Maria della Salute'.

Als die Epidemie endlich zum Erliegen kam, waren 47 000 Einwohner gestorben, das machte ein Drittel der damaligen Bevölkerung aus. Das Versprechen an die Muttergottes wurde wahr gemacht, man begann schon bald mit dem Bau der Kirche.

Mehr als eine Million Baumstämme mussten in den Boden der Lagune gerammt werden, damit waren die 50.000 Dukaten, die der Senat bereitgestellt hatte, bereits aufgebraucht. Bis das Gotteshaus 1687 nach Entwürfen von Baldassare Longhena endlich fertiggestellt war, hatte man fast das Zehnfache davon ausgegeben.

Das Ergebnis ist allerdings beeindruckend. Der achteckige Bau ist ganz mit Marmor verkleidet. Eine breite Treppe führt zum Hauptportal hinauf. Es wird von einem Dreiecksgiebel bekrönt, auf dessen Spitze empfängt eine Skulptur der Jungfrau Maria die Besucher der schönsten Barockkirche Venedigs. Noch weiter oben, auf der großen Kuppel über dem Gemeinderaum, sitzt eine Laterne, darauf die Immaculata mit zwölf Sternen aus der Offenbarung des Johannes. Auf der kleineren, dahinterliegenden Kuppel über dem Presbyterium, steht eine Figur des

Heiligen Markus. Die Glocken der Kirche sind rechts und links neben der kleineren Kuppel in zwei Campanili untergebracht.

Im Inneren der Kirche bestechen der kostbare Marmorfußboden mit seinen Einlegearbeiten, die Sakristei und der barocke Hochaltar. Eine Reihe größere und kleinere Fenster beleuchten je nach Sonnenstand sehr wirkungsvoll den Boden und die schönen Gemälde venezianischer Künstler wie Tizian und Tintoretto.

Von hier fahren Sie mit dem Vaporetto zurück zur Piazzale Roma bzw. zum Parkplatz Ihres Autos. Dabei einen letzter Blick auf Venedig zu werfen ist eine schöne Art, von dieser außergewöhnlichen Stadt Abschied zu nehmen ...

Sollten Sie aber noch Zeit und Lust haben, schlendern Sie durch die verwinkelten Gässchen, trinken oder essen Sie etwas, genießen Sie die besondere Atmosphäre. Und keine Angst, wenn Sie kein bestimmtes Ziel haben, heißt zu keiner bestimmten Adresse müssen, können Sie sich in Venedig nicht verlaufen. Sie finden immer zurück zum Canal Grande, wo sie ein Vaporetto nehmen können.

Falls Sie länger in Venedig bleiben können

sollten Sie abends im Dunkeln noch einmal mit dem Vaporetto den Canal Grande entlang fahren. Setzen Sie sich in den offenen vorderen Teil und genießen Sie das Lichterfunkeln der Stadt mit seinen erleuchteten Palazzi. Auch die Piazza San Marco um Mitternacht, ohne die Menschenmassen, die sich bei Tag auf sie ergießen, ist einfach wunderbar. Zum Essen suchen Sie sich am besten ein Speiselokal irgendwo abseits, zum Beispiel gegenüber im Stadtteil Dogana.

Am nächsten Tag könnten Sie den Markusdom oder den Dogenpalast von innen besichtigen, Murano oder Burano, das Museum 'Civico Corer' in der Fabbrica Nuova oder die Accademia besuchen.

Die Akademia

Die 'Akademie der schönen Künste' liegt direkt an der Ponte dell' Accademia, die Brücke unweit der Kirche Santa Maria della Salute. Die Gebäude (eine Schule, Reste eines Konventbaus und eine Kirche) gehörten zu einem Kloster aus dem 14. und 15. Jahrhundert, das heute nicht mehr besteht. Der Campanile der Kirche stürzte im 18. Jahrhundert in den Canal Grande.

In der Accademia wurden schon im 18. Jahrhundert Kunstausstellungen gezeigt. Heute beherbergt sie über 800 wertvolle Gemälde berühmtester Künstler und gibt einen ausführlichen Überblick über die Malerei Venedigs vom 14. bis ins 18. Jahrhundert.

Civico Corer

In diesem Museum, das in der Fabbrica Nuova beherbergt ist, wird anhand von Bildern, Wandteppichen, Holzschnitten, Urkunden und allerhand Gebrauchsgegenständen in zwei Dutzend Sälen die Geschichte Venedigs veranschaulicht. Es zählt zu den wichtigsten und interessantesten Mussen der Stadt.

Das Ghetto

Schon im 11. Jahrhundert lebten Juden in der Lagune, zuerst auf der Insel Giudecca. Dort wurden sie Ende des 14. Jahrhunderts von Christen vertrieben und siedelten sich auf dem Festland in Mestre an, wo sie gut hundert Jahre blieben. Als Mestre 1509 abbrannte, zogen sie wieder nach Venedig, wo sie von der Serenissima eine Insel im Stadtteil Cannaregio, dem Viertel der Eisengießer, zugewiesen bekamen. Geto (getto)bedeutet im Italienischen Guss, und so ist es wahrscheinlich, dass sich der Begriff Ghetto von dem Wort ‚geto' abgeleitet hat. In Venedig taucht der Begriff in Bezug auf abgeschlossene jüdische Wohngebiete zum ersten Mal 1414 auf. Ende des 16. Jahrhunderts hatte er sich im italienischen Sprachgebrauch gänzlich durchgesetzt und bald auch schon auf der ganzen Welt.

Da Venedig sehr liberal war und Juden zwar hart besteuert wurden, dafür aber auch einen gewissen Schutz erhielten, wanderten zu Beginn des 16. Jahrhunderts Juden aus allen Teilen Europas zu, und der Platz im Ghetto wurde knapp. Während im übrigen Venedig wegen des unstabilen Untergrundes kaum höher als drei Stockwerke gebaut wurde, wuchsen die Häuser im Ghetto bis zu acht Stockwerke hoch. Obwohl es viele der Juden Venedigs inzwischen durch Handel und Geldverleih zu großem Wohlstand gebracht hatten, blieben die Fassaden meist schmucklos – man wollte keinesfalls auffallen und Neid auf sich ziehen. So kommt es, dass es in diesem Teil Venedigs of schattig, dunkel und trist wirkt, und das Viertel damit eine ganz eigene und durchaus interessante Atmosphäre ausstrahlt.

Auch die Synagogen des Quartiers - fünf an der Zahl, die zu den besterhaltenen Synagogen des Mittelalters zählen - liegen gut verborgen hinter unscheinbaren Fassaden. Folgt man der Fondamenta di Cannaregio ab der Ponte delle Guglie, erreicht man als erstes die Scuola Spagnola, die spanische Synagoge, erbaut im Barockstil. Gleich darauf folgt die Scuola Levantina aus der zweiten Hälfte des 17. Jahrhunderts. Mit einer aufwändig geschnitzten Kanzel von Andrea Brustolon ist sie wohl die prachtvollste der fünf Synagogen.

Man geht weiter über eine Brücke in das Ghetto Vecchio (das Alte Ghetto). Hier verbergen sich in den oberen Stockwerken der Häuser rund um den Campo di Ghetto Nuovo drei weitere Synagogen: Die Scuola

Italiana aus dem Jahr 1575 (zu erkennen an einer kleinen barocken Kuppel und der Inschrift ‚Santa Comunità Italiana'. Daneben die Scuola Ganton aus dem Jahr 1531, zu erkennen an einer kleinen hölzernen Kuppel. Die Scuola Tedesca aus dem Jahr 1528 ist die Synagoge der deutschstämmigen Juden und die älteste Venedigs. Sie befindet sich im Obergeschoss des Museo Ebraico (Museo della Comunità Israelitica). In diesem kleinen Museum wird die Geschichte der Juden Venedigs dokumentiert.

Alle Synagogen sind nur mit Führungen zu besichtigen. Im Museum kann man auch eine Führung über den jüdischen Friedhof auf dem Lido buchen.

Burano – die Insel der Fischer

Auf venetisch heißt sie Buran und ist eine der größten Inseln in der Lagune. Eigentlich sind es ja vier Inseln, die durch acht Brücken miteinander verbunden sind. Die Einheimischen leben von der Fischerei und der Spitzenstickerei – eine Kunst, die irgendwann in Vergessenheit geraten war, die die Frauen aber im 19. Jahrhundert für sich wiederentdeckten.

Bekannt ist Burano jedoch vor allem wegen der bunten Häuser entlang der Kanäle, die sich im Wasser spiegeln. Lila, grün, gelb und Pink reihen sie sich aneinander, und im Wind vor den Fenstern weht malerisch die Wäsche zum Trocknen. Es heißt, die bunten Häuser sollten den Fischern den Weg zurück auf die Insel weisen – ob's stimmt? Egal, ein

Inselbesuch ist auf jeden Fall ein farbenfrohes Erlebnis, das unvergessen bleibt.

Übrigens hat Burano wie Pisa einen ‚schiefen Turm'.

Murano

Um 1000 nach Christi brachten Seefahrer das Wissen um die Herstellung von Glas mit nach Venedig. Ein Benediktinermönch namens Fiolario war der erste, der kleine Glasflaschen für den Eigengebrauch produzierte. Doch bald schon erkannte man auch außerhalb des Klosters den großen Nutzen und vor allem die Schönheit des Glases. Damit ging aus dem neuen Wissen eine profitable Industrie hervor.

Anfänglich wurde das Handwerk der Glasherstellung in Venedig ausgeführt, doch 1295 bestimmte die Serenissima, dass alle Glasöfen von Venedig nach Murano gebracht werden mussten. Zum Teil aus Brandschutzgründen, aber auch, weil sich das Geheimnis der Herstellung von Glas auf einer Insel besser hüten lassen konnte. Den Glasbläsern war es unter Androhung der Todesstrafe untersagt, ihr Wissen weiterzugeben. Trotzdem gelang es gegen Ende des 16. und im 17. Jahrhundert einigen von ihnen, auszuwandern und unter anderem in Böhmen, im Bayerischen Wald, in den Niederlanden und in Flandern Glashütten zu gründen.

Mit dem Niedergang der Republik Venedig war auch das Ende der Glas-Ära besiegelt. Erst im Laufe des 19.

Jahrhunderts kam es zu einer Neubelebung. Heute leben die Menschen auf Murano hauptsächlich von der Glaskunst und vom Tourismus.

Die mehr als tausendjährige Geschichte der Glasherstellung ist auf Murano im Museo Del Vetro (Palazzo Giustinian) mit seltenen und kunstvollen Schaustücken dokumentiert. Sehenswert ist auch die Basilika di Santa Maria e San Donato aus dem 12. Jahrhundert mit ihrem kunstvollen und farbenprächtigen Mosaikboden.

Feste und Besonderheiten

Regata delle Befane - 6. Januar

In Venedig wird gerne und oft gefeiert, und häufig spielen dabei auch die berühmten Gondeln eine Rolle – sei es bei Umzügen, sei es bei Regatten. So auch am 6. Januar, wo in Italien nicht die Heiligen drei Könige herumziehen, sondern die Hexe Befana erscheint. Sie ist das Pendant zu unserem Nikolaus, wirft für die Kinder Geschenke und Süßigkeiten durch den Schornstein oder auch nur ein Stück Kohle, wenn sie nicht brav waren. Der Legende nach traf sie am Tor zu Betlehem die Heiligen drei Könige, die sie aufforderten, mit ihnen das Christkind anzubeten.

Dieses Fest ist eines der Lieblingsfeste der Italiener und insbesondere in Venedig ein großes Vergnügen. Zur Feier des Tages gibt es eine Hexenregatta auf dem Canal Grande. Da sind nicht nur Gondeln unterwegs, sondern auch Ruderboote, und alle verkleiden sich als Hexen - auch die Zuschauer, meist Italiener, die teilweise von weither kommen, um dabei zu sein.

Die Regatta beginnt gegen elf Uhr vormittags am Palazzo Balbi (er liegt ab Rialtobrücke etwa auf halbem Weg Richtung Kirche Santa Maria della Salute) und endet an der Rialtobrücke, wo der Sieger geehrt wird.

Auch auf dem Lido findet ein ‚Befanarennen' statt. Hier fährt die Hexe interessanterweise auf einem

Motorrad durch die Gassen, und die übrigen Teilnehmer rennen ihr nach, um sie zu fangen. Ein lustiges Spektakel, bei dem es viel zu lachen gibt.

Der Karneval von Venedig - Mitte Januar bis Faschingsdienstag

Bereits 1094 scheint es ein Karnevalstreiben in Venedig gegeben zu haben, doch erst im Spätmittelalter entwickelte er sich zu einem so prunkvollen Fest, wie wir es heute kennen. Der Ursprung des Venezianischen Karnevals geht auf die Saturnalien zurück - ein Festtag zu Ehren des römischen Gottes Saturn. Deshalb begann der Karneval in Venedig nicht erst, wie anderenorts üblich, am 6. Januar, sondern bereits zu Stefani am 26. Dezember.

Neben dem üblichen Jahrmarktstreiben spielten während der Karnevalszeit Maskenbälle und Theateraufführungen eine ebenso große Rolle wie blutige Tierkämpfe oder die Hatz auf Bullen, und damals wie heute wurden die schönsten Masken prämiert.

Zum Ausklang des Karnevals, am Fastnachtdienstag, zeigte man sich ein letztes Mal in seiner prächtigen Verkleidung. Man flanierte durch die mit Fackeln beleuchteten Gassen oder fuhr in Gondeln auf den Kanälen. Gegen Mitternacht schließlich wurde zwischen den beiden Säulen auf der Piazzetta vor dem Dogenpalst, dort wo auch die Hinrichtungen stattfanden, eine riesige Figur in der Maske des

Gecken Pantalone in roter Hose und gelben Pantoffeln verbrannt, während die Menge immer wieder rief: „Der Karneval ist vorbei! Er ist vorbei!"

Auch heute wird der Karneval mit der symbolischen Verbrennung des Pantalone auf einem Scheiterhaufen beendet, allerdings am Aschermittwoch. Anschließend findet der traditionelle Maskenzug vor dem Dogenpalast auf dem Kai Riva degli Schiavoni statt.

Vorbei war es mit dem Karneval auch unter Napoleon Bonapartes Herrschaft. Zu dieser Zeit fand er höchstens noch hinter verborgenen Türen statt. Große Prozessionen und Festumzüge waren teils verboten und konnte sich auch niemand mehr leisten. Nach der Vereinigung Venedigs mit Italien am 18. Oktober 1866 ließ man die Tradition venezianischer Feste, und damit auch den Karneval von Venedig, wieder aufleben.

Heute findet er von Mitte Januar bis Aschermittwoch statt. Während dieser Zeit gibt es wie damals Bälle und Darbietungen auf kleinen Bühnen, und auf allen Plätzen, in allen Gassen, wogt ein einziges Maskenmeer.

Der Engelsflug

Seit 1548 findet der sogenannte volo de angelo (Engelsflug) immer am Eröffnungssonntag des Karneval statt. Ein Akrobat kletterte von einem Floß auf der Bucht vor dem Markusplatz auf einem Seil zur Spitze des Campanile hinauf und balancierte, nachdem er Blumen ins Menschenmeer unter sich geworfen hatte, auf dem Seil wieder hinunter. Weil der erste, der dieses Kunststück ausführte, ein Türke war, hieß der Engelsflug ursprünglich volo de turco. Das Ereignis wurde auf mehreren Gemälden festgehalten, darunter auch auf einem Bild von Francesco Guardi. Heute hängt ein hübsches junges Mädchen mit einem Haken gesichert am Seil und rauscht im wehenden Gewand der jubelnden Menge entgegen.

**Benedizione del Fuoco ('Einsegnung des Feuers')
– Gründonnerstag**

Am späten Vormittag des Gründonnerstags werden im völlig dunklen Markusdom Tausende von Kerzen entzündet. Es beginnt mit der 'Heiligen Flamme' im Atrium. Von dort aus steckt eine Prozession im Voranschreiten Kerze um Kerze an, bis die ganze Basilika im Lichterglanz erstrahlt.

Der Märzmarathon in Venedig

An einem der Sonntage im März findet ein Marathon für alle Altersgruppen statt. Für Marathonläufer ein ganz besonderes Erlebnis!

Festa di San Marco - 25. April

Das Fest des Stadtheiligen wird mit einem feierlichen Hochamt in der Basilika begangen. Am Nachmittag findet ein Gondelrennen auf dem Canal Grande und ein Volksfest auf der Piazza statt. Nach altem Brauch schenken die Venezianer ihrer Liebsten an diesem Tag eine Rosenknospe.

Vogalonga - an einem der Maisonntage

Die große Volksregatta ‚Vogalonga' führt ihre Teilnehmer von San Marco quer durch die Lagune.

Festa della Sensa - Sonntag nach Christi Himmelfahrt

Einst ließ sich der Doge am Sonntag nach Christi Himmelfahrt mit großem Pomp vor den Lido hinaus rudern, wo er einen goldenen Ring in die Fluten warf, um sich symbolisch mit dem Meer zu vermählen. Heute verkleidet sich der Bürgermeister Venedigs als Doge und führt einen Umzug auf dem Markusplatz an. Anschließend fährt auch er von Klerus und Militär begleitet mit einer historischen Flotte aufs Meer hinaus, wo er einen Lorbeerkranz ins Wasser wirft.

Redentore (Erlöserfest) - dritter Sonntag im Juli

Dieses Fest erinnert an das Ende der Pest im Jahre 1576. Bereits am Vorabend kann man eine Parade geschmückter Boote auf dem Canale della Ciudecca und anschließend ein prächtiges Feuerwerk bewundern.

Am folgenden Morgen zieht eine beeindruckende Prozession zur Redentore-Kirche, wo ein Messe stattfindet. Anschließend wird bis zum Sonnenaufgang des nächsten Morgens gefeiert, getanzt und gesungen.

Regata Storica – erstes Wochenende im September

Tausende festlich geschmückte Boote und illustere Gäste aus längst vergangener Zeit treffen sich auf dem Canal Grande zur berühmten Gondelregatta. Vom Dogen nebst Gattin bis zur Königin von Zypern ist alles da, um zuzusehen, wie die Besatzungen der Boote in historischen Kostümen zwischen 14:30 und 19 Uhr ihre Regatten abhalten. Männer, Frauen und Jugendliche treten in kleinen Gondeln und großen Booten an.

Internationale Filmfestspiele – Anfang September

Im Palazzo del Cinema auf dem Lido finden die ältesten Filmfestspiele der Welt mit viel Medienrummel statt.

Marathon von Venedig – 4. Sonntag im Oktober

Gestartet wird auf dem Festland in Strá, Ziel ist der Markusplatz in Venedig.

Prozession zur Salute-Kirche - 21. November

Zur Erinnerung an das Ende der Pest von 1630 zieht eine große Pilgerprozession von der Markuskirche über eine Behelfsbrücke über den Canal Grande zur Kirche Madonna della Salute. Danach isst man Rosinenkrapfen und ein traditionelles Gericht namens Castradina, aus Hammelfleisch und Wirsing.

Sonstiges

Sightseeing mit Fremdenführer

Das Angebot ist groß! Bucht man bereits vor der Reise eine Tour, muss man für den Eintritt meist nicht so lange anstehen. Dafür legt man einiges an Geld hin. Hier zwei Links, um sich über Sightseeing-Touren zu informieren.

http://www.italien.city-tourist.de/Venedig-Sightseeing-Stadtrundfahrten.html

https://www.getyourguide.de/venedig-l35/sightseeing-touren-tc2/?partner_id=CD951&gclid=CMzypMuNuMACF YXJtAodz24Acw%2520

Essen / Trinken / Trinkgeld

In allen Lokalen hängen verpflichtend Preislisten aus, man kann sich also vorab informieren, wie teuer ein Getränk ist oder eine Mahlzeit wird. Und teuer wird sie in Venedig, es sei denn man findet einen Platz in einem kleinen versteckten Lokal, in dem die Einheimischen selbst essen.

Trinkgeld zu geben ist in Italien nicht üblich, da das ‚servizio' gewöhnlich bereits im Preis enthalten ist. Ist dies in Ausnahmefällen nicht der Fall, rechnet man selbst fünf bis zehn Prozent hinzu. Ob die Preise mit oder ohne ‚servizio' berechnet werden, ist auf der Speisekarte vermerkt.

In vielen Eisdielen und Bars sieht man am Eingang eine Kasse. Man bezahlt dort zuerst, was man haben möchte, und geht dann mit dem Kassenzettel zur Ausgabe. Auch in manchen Restaurants gibt es eine Kasse. Hier isst man zuerst und bezahlt dann.

Besucht man das Restaurant mit mehreren Leuten, bezahlt keinesfalls jeder seine eigene Rechnung. Einer am Tisch übernimmt das – später kann man dann ja untereinander abrechnen. Auch das sollte man nicht allzu auffällig oder besser draußen erledigen, denn das Teilen der gemeinsamen Rechnung auf Heller und Pfennig wird eher schief angesehen.

Für Brot (pane) und Gedeck (coperto) werden im Allgemeinen 1 bis 3 Euro berechnet, am Markusplatz gewöhnlich um ein Gutes mehr.

Essenszeiten sind in Italien anders als bei uns. Je südlicher am ‚Stiefel‘ und je heißer es ist, desto später wird gegessen. In Kalabrien gibt es Mittagessen oft erst am Nachmittag, und abends isst man ab 21 Uhr und lässt sich sehr viel Zeit dabei. In Venedig sind die Küchen der Restaurants meist von 12.00 Uhr bis circa 14.30 Uhr geöffnet, abends von 19.00 Uhr bis etwa 22.00 Uhr.

Wer früher Hunger verspürt, nimmt einen Aperitivo zu sich. Unter dem Begriff versteht man kein Getränk, wie bei uns, sondern kleine warme oder kalte Häppchen. In Venedig nennt man sie ‚cicchetti‘ und bestellt dazu Hauswein.

Ein kleines Glas Wein am Tag, so mal eben zwischendurch, ist in Italien keine Sünde. Viele Venezianer trinken es in einer Bar oder einem Café am Tresen im Stehen. Dort kostet es normalerweise keine zwei Euro. Man bestellt dann ‚un calice bianco/rosso' und isst dazu ‚cicchetti' - kleine kalte oder warme Snacks der venezianischen Küche, die relativ preiswert sind.

Kaffee ist das italienische Nationalgetränk und wurde bereits zu Casanovas Zeiten zelebriert. Das erste Caféhaus in Venedig eröffnete 1683. Bis dahin sah man Kaffee als Medizin an und erhielt ihn ausschließlich in Apotheken.

Wir Deutschen lieben unseren Cappuccino zu jeder Tages- und Nachtzeit. In Italien hingegen trinkt man Cappuccino oder Latte Macchiato nur zum Frühstück, allenfalls bis Mittag. Natürlich bekommt man den Cappuccino auch am Nachmittag, wer aber Wert darauf legt, sich den landesüblichen Gepflogenheiten anzupassen, sollte ab 11 Uhr nur noch Espresso bestellen.

Einen kleinen Espresso, der schwarz und mit viel Zucker getrunken wird, nennt man ‚Caffè normalo'. Der Preis für eine Tasse richtet sich danach, wo man ihn trinkt. Nimmt man ihn in einer Bar oder in einem Café im Stehen an der Theke, ist er am günstigsten. Dann bestellt man ‚al banco'. Er kostet je nachdem ein bis zwei Euro.

Am Tisch trinkt man ihn ‚a tavola'. Hier wird Coperto dazugerechnet, das können in Venedig bis zu drei Euro sein. Am Tisch in einem der Terrassencafés am Markusplatz kostet der ‚Caffè normalo' ab fünf Euro aufwärts.

Die Venezianische Küche aus den verschiedensten fangfrischen Meerestieren der Lagune und knackfrischem Gemüse von den Feldern der Insel Sant Erasmo wird hochgelobt. Das trifft allerdings für die oft überteuerten Touristenmenüs eher selten zu. Will man von den vielfältigen unvergleichlichen Spezialitäten kosten, die venezianische Köche zubereiten, muss man abseits vom Touristenrummel nach einem Restaurant suchen. Dort findet man unzählige Pastagerichte oder ‚frutti di mare'- Variationen, köstliche Fleischspeisen und sündhaft süße Kreationen venezianischer Konditoren.

Eine Osteria könnte man am ehesten mit unseren Wirtshäusern vergleichen, eine Trattoria mit einer gutbürgerlichen Gaststätte. Hier bekommt man für gewöhnlich solide Hausmannskost. Der Name Restaurant sollte eigentlich für gutes und exklusiveres Essen stehen, was leider nicht immer zutrifft.

Ein klassisches Menü beinhaltet die Vorspeisen (antipasti). Es folgt der erste Gang (primo piatto) – meist eine Suppe, ein Pastagericht oder ein Risotto. Der Hauptgang (secondo piatto) besteht aus einem Fisch- oder Fleischgericht. Dazu gehören Gemüse- oder Salatbeilage (contorno), die aber extra bestellt werden müssen. Zum Abschluss isst man ein Dessert (dolce) oder Obst.

Zum Essen trinkt man vino della casa (Hauswein), dazu Wasser zum Durstlöschen.

Natürlich bekommt man auch nur einen Teller Nudeln oder ein Stück Fleisch mit Salat – für einen Italiener ist das allerdings ein ‚No-Go'.

Venezianische Spezialitäten zum Kennenlernen:

asparagi in salsa – eine Vorspeise für Spargelliebhaber, die man natürlich nur zur Spargelzeit bekommt. Der Spargel wird mit einer köstlichen Sardellensauce serviert.

baccalà mantecato - nennt man einen Brotaufstrich aus Stockfisch, Knoblauch, Zwiebeln und Olivenöl.

fegato alla veneziana –in einem Sud aus Weißwein und Zwiebeln gegarte Kalbsleber auf Polenta.

fiori di zucca - herzhaft gefüllt oder auch ungefüllte Kürbisblüten in einer Art Pfannkuchenteig gebacken.

fritto misto - in Olivenöl gebackenen Fische, Scampi und Tintenfische.

pasta e fagioli - deftiger Eintopf aus Makkaroni und dicken Bohnen, mit viel Olivenöl und typisch italienischen Kräutern zubereitet.

risotto nero oder spaghetti nero - Spaghetti bzw. Reisbrei mit der Tinte von Tintenfischen zubereitet.

sarde in saor – eine typisch venezianische Vorspeise. Sardinen werden gebraten und schichtweise mit einer aufgekochten, aber wieder erkalteten Marinade aus Olivenöl, Essig, Wein, Rosinen und Pinienkernen in eine Schale gegeben, wo alles mindestens 24 Stunden durchziehen muss.

Tipp: Unterkünfte sind in Venedig grundsätzlich teuer. Besucht man Venedig im Winter, kann man viel Geld sparen, denn abgesehen von Weihnachten, Silvester und dem Karneval im Februar, sind selbst die Luxushotels der Filmstars oft um mehr als die Hälfte günstiger und dann vielleicht auch für Sie erschwinglich.

Einkaufen in Venedig

Währung ist der Euro. Banken sind vormittags geöffnet, nachmittags meist nur zwischen 14.30 und 15.30 Uhr, aber natürlich gibt es überall Bankautomaten.

Die Ladenöffnungszeiten sind werktags ab etwa 9.00 Uhr oder 9.30 Uhr bis circa 13.00 Uhr. Nach der Siesta wird gegen 16.00 geöffnet und abends gegen 7.30 Uhr wieder geschlossen. Am Montag öffnen viele Läden erst nach der Siesta, andere haben Mittwochnachmittag zu. Dafür ist in großen Städten nicht selten auch ab Sonntagmittag geöffnet. Große

Warenhäuser bleiben über Mittag offen, ebenso viele Souvenirläden.

Wie alles ist auch das Shoppen in Venedig nicht gerade günstig. In schicken Boutiquen entlang der Einkaufsmeile und in den Arkaden am Markusplatz kann man die üblichen Markenartikel der Modeindustrie finden – aber ganz sicher nicht zum Spottpreis. Lederwaren sind etwas preisgünstiger als bei uns zu haben. Für eine handgearbeitete Karnevalsmaske oder eine Schale aus Muranoglas muss man wiederum tiefer in die Tasche greifen.

Neben sehr viel Kitsch lässt sich auch manch Schönes zu annehmbaren Preisen finden, vornehmlich, wenn man sich abseits vom Rummel in die kleinen Nebengässchen begibt. Beliebte Mitbringsel sind örtliche Traditionsprodukte wie Spitze, handbedruckte Stoffe, Glasperlen, handgeschöpftes oder marmoriertes Papier und anderes Kunsthandwerk. Allerdings sollte man achtgeben, dass die Spitze tatsächlich aus Burano und die Glasperlen aus Murano stammen und nicht etwa aus dem Fernen Osten. Eine gute Alternative zu kitschigen Souvenirs bieten auch kulinarische Mitbringsel, zum Beispiel Weine oder Essige und Öle, Käse oder Schinken oder Back- und Teigwaren der besonderen Art.

Auch Antiquitäten werden häufig angeboten. Hier kann man interessante Sachen finden, doch sollte man vorsichtig sein. Es gibt in Venedig äußerst begabte

Handwerker, die über die Kunst verfügen, Altes ganz neu herzustellen.

Strom, Telefon, Internet, Post

Strom: In Italien gibt es andere Stecker. Unsere flachen zweipoligen Euronormstecker, die z.B. an Ladegeräten fürs Handy oder an Rasierapparaten zu finden sind, passen jedoch auch in die italienischen dreipoligen Steckdosen - unsere deutschen Schuko-Stecker (das sind die ‚dicken') jedoch nicht! Für die braucht man einen Adapter, den man bei uns in Elektrofachgeschäften oder auch vor Ort in Supermärkten bekommt.

Telefon-Vorwahl für Venedig ist 041

Deutschland 0049 / Österreich 0043 / Schweiz 0041 / Italien 0039

Achtung: Die Ortsvorwahl muss inklusive der ersten Null gewählt werden! Wer also vom Ausland aus nach Venedig telefoniert, wählt 0039 041 und die Nummer des Anschlusses. Handynummern dagegen werden wie sonst üblich angewählt.

Für Telefonzellen benötigt man eine Telefonkarte. Man erhält sie in Venedig am Zeitungskiosk, im Tabacchi, in einer Bar, an Tankstellen oder bei der Telecom Italia. Vor dem ersten Benutzen wird die perforierte Ecke der Telefonkarte abgerissen.

Freies WiFi findet man in vielen Hotels, Cafés und Restaurants. Hier sind drei Adressen auf unserem Rundgang:

La Rivista Restaurant - Piazzale Roma

Cafe / Restaurant Muro Rialto - Campo Cesare Battisti qua gió della Bella Vienna, hinter dem Rialtomarkt.

Ristorante Principessa – Sie gehen auf der Riva degli Schiavoni am Dogenpalast und der Seufzerbrücke vorbei. Es ist das Restaurant vor dem Reiterstandbild.

Adressen von Internetcafés finden Sie hier: http://www.innvenice.com/en.Internet-Points.htm

Briefmarken ("francobolli") kauft man bei der Post oder in Tabakläden. Für Ansichtskarten und Standardbriefe bezahlt man jeweils das gleiche Porto.

Klima / Reisezeit

Die Hochsaison dauert von April bis Oktober. Im Juli und August und während des Karnevals im Februar wälzen sich wahre Touristenströme durch die Stadt, was nicht immer ein Vergnügen ist. Auch während der Weihnachtsferien ist sie gut besucht. Die günstigste Reisezeit ist vor Ostern. Das Klima ist mild, und es ist noch relativ ruhig in Venedig.

Ganz generell wird es nie wirklich heiß und nie wirklich kalt, denn die Stadt liegt in einer gemäßigten Klimazone. Die durchschnittliche Höchsttemperatur

(Juli/August) ist um die 23°. Wird es über Tags sehr heiß, kann das Thermometer auch mal auf 27° bis 30° klettern. Im Januar ist es am kältesten, dann liegen die durchschnittlichen Tagestemperaturen bei 3° und fallen selten unter 0°.

Am häufigsten regnet es im November bis in den Dezember hinein, am seltensten im Januar. Zwischen Oktober und März muss man mit Hochwasser rechnen, die Teile der Stadt überfluten. Es kommt nicht von oben in Form von Regen, sondern von unten durch den Anstieg des Meeres. Dann geht man über Stege, die überall aufgestellt werden. Auch das ist ein unvergesslicher Anblick, wenn überall die Regenschirme tanzen und sich in den Pfützen die Palazzi und Kirchen spiegeln.

Als tiefster Punkt der Stadt ist der Markusplatz bis zu achtzig Mal im Jahr überschwemmt! Wir empfehlen deshalb, sich vorab über den Wasserstand zu informieren. Ab 85 cm sollte man Gummistiefel einpacken. Bei 130 cm stehen bereits bis zu fünfundsechzig Prozent Venedigs unter Wasser. Schauen Sie hierzu im Internet auf die offizielle Stadtseite: www.comune.venezia.it . Rechts oben unter der Rubrik ‚previsione mare' finden Sie die aktuelle Wasserstandsinformation.

Was tun wenn ...? Telefonnummern und Adressen für Notfälle

Notfallrufnummern:
Polizeinotruf (Carabinieri) Tel: 112
Ambulanz (Pronto Soccorso) Tel: 118
Feuerwehr (Vigili del Fuoco) Tel: 115

Arztbesuche:

Es besteht eine flächendeckende ärztliche Versorgung in Venedig. Sollte ein Arztbesuch notwendig sein, wird der deutsche oder österreichische Auslands-Krankenschein von italienischen Kassenärzten meist akzeptiert. Sollten Sie für Behandlung oder Medikamente vorab bar bezahlen müssen, lassen Sie sich eine detaillierte Quittung geben, damit die Krankenkasse zu Hause zurückerstattet.

Konsulate:

Honorarkonsulat der Bundesrepublik Deutschland
30135 Venedig Palazzo Condulmer, Santa Croce 251
Tel: 0039 041 523 76 75, Fax: 0039 041 244 84 69
E-Mail: venedig@hk-diplo.de

Österreichisches Honorarkonsulat
Santa Croce 251, Fondamenta Condulmer, Venezia
Tel. 0039-041-524 05 56

Schweizer Konsulat
Dorsoduro 810, Campo S. Agnese, 30123 Venezia

Tel: 0039 041 522 59 96, Fax: 0039 041 244 38 63,
E-Mail: venezia@horep.ch

Falls Ihre Geldkarte verloren ging:

Es gibt einen allgemeinen Sperr-Notruf, der aus dem
In- und Ausland unter der Nummer (0049) 116 116
erreichbar ist. In Fällen, in denen der ausländische
Telefonanbieter diese Nummer nicht verarbeiten kann,
steht alternativ die 0049 3040504050 zur Verfügung.
Sprach- oder Hörgeschädigte können unter der
gleichen Nummer auch eine Sperrung per Fax
veranlassen.

Euro/Mastercard sperren unter Tel.: 0049-69-
79331910
oder im Notfall als R-Gespräch 001-314-275-6690
Speziell für Visa sperren unter Tel. 800-819-014
oder im Notfall als R-Gespräch 001-303-967-1096

Schweizer wenden sich bei Verlust oder Diebstahl von
Karten, Dokumenten oder Handys (SIM-Karte) oder
bei Zwischenfällen rund um Autoschlüssel und -radios
an die Telefonnummer +41 58 827 22 20 (rund um die
Uhr)

Österreicher wenden sich bei Verlust der Kreditkarte
an folgende Telefonnummern:
Visa: +43 1171111-770
Pay Life: +43 1717014500

Autopanne:

Achtung: In Italien ist es Pflicht, eine reflektierende Weste im Auto mitzuführen! Hat man keine, wird das teuer!

Der ACI - Automobile Club d'Italia hat Notrufnummer 116. Er ist auch die Partnerorganisation vom ADAC.

ADAC - bei Fahrzeugschaden telefon-icon.gif +49 89 22 22 22
bei Erkrankung und Verletzung telefon-icon.gif +49 89 76 76 76

In vielen Urlaubsländern betreibt der ADAC eigene Notrufstationen mit deutschsprechenden Mitarbeitern. An diese werden Sie automatisch von der Zentrale in München weiterverbunden.

Auch für Gehörlose und Sprachbehinderte hat der ADAC einen speziellen Service eingerichtet: Unter der Faxnummer +49 8191 938 303, die auch per SMS vom Handy aus angewählt werden kann, ist rund um die Uhr schnelle Hilfe sichergestellt. Falls Sie kein modernes Handy haben, müssen Sie folgende Nummer wählen:
D1 (T-Mobile) + 49 99 08191 938 303
D2 (Vodafone) + 49 99 08191 938 303
O2 (Viag Interkom) + 49 329 08191 938 303
E-Plus + 49 1551 08191 938 303

ÖAMTC
Tel: +43 12512000 – Notruf und Rechtsberatung.

TCS

Dringende Assistance-Anfragen rund um die Uhr:
Einsatzzentrale ETI / Chemin de Blandonnet 4 / CP 820 1214 Vernier / Tel +41 58 827 22 20 / Fax +41 58 827 50 12 / email: eti@tcs.ch. Bei einem medizinischen Notfall im Ausland unverzüglich die ETI Einsatzzentrale benachrichtigen!

Weitere Adressen, Links und Telefonnummern

Touristeninfo in Venedig:
VENEDIG Tourist Info / Castello 421 / 30122 Venezia
Tel: 0039 041.5298711/22 / Fax: 0039 041.5230399
www.turismo.venezia.it oder
http://www.italien.city-tourist.de/Venedig.htm

Die wichtigsten Vokabeln

Ja. - Sì. / Nein. - No.
Guten Morgen - Buon giorno
Guten Tag - Buon giorno
Guten Abend - Buona sera
Gute Nacht- Buona notte
Auf Wiedersehen - Arrivederci
Hallo und Tschüß - Ciao
Wie heißen Sie? - Come si chiama?
Wie heißt Du? - Come ti chiami?
Ich heiße ....- Mi chiamo ...
Bitte (wenn man etwas gibt) - Prego "
Bitte ("wenn man um etwas bittet") Per favore
Danke - Grazie
Entschuldigung - Mi scusi
Ich spreche kein Italienisch. - Non parlo italiano.
Sprechen Sie Deutsch? - Parla tedesco?

Hilfe! - Aiuto!
Vorsicht! - Attenzione!
Ich verstehe nicht. - Non capisco.
Wo ist die Toilette? - Dov'è il bagno?
Ich brauche Hilfe. - Ho bisogno di aiuto.
Dies ist ein Notfall. - E' un'emergenza.
Ich bin krank - Sono malato / malata (Frau)
Ich bin verletzt - Sono stato ferito / stata ferita (Frau)
Links – sinistra / Rechts – destra / gerade aus – diritto
Wieviel kostet das? - Quanto costa?
Bezahlen - pagare

Zahlen:
1 - uno / 2 - due / 3 - tre /4 - quattro / 5 – cinque
6 - sei / 7 - sette / 8 - otto / 9 nove / 10 – dieci
11 - undici / 12 - dodici / 13 - tredici / 14 - quattordici
15 - quindici / 16 - sedici / 17 - diciasette / 18 - diciotto
19 - diciannove / 20 – venti
21 - ventuno / 22 - ventidue / 23 - ventitré …
30 - trenta / 40 - quaranta / 50 – cinquanta
60 - sessanta / 70 - settanta / 80 - ottanta / 90 - novanta
100 - cento / 200 - duecento …
1000 – mille / duemille …

Sämtliche Angaben erfolgen unverbindlich und ohne
Gewähr. Wir beziehen uns mit unseren Aussagen auf
persönliche Erfahrungen, Recherchen im Internet,
Webseiten der Stadt sowie auf Hinweise der
Touristik-Information.

Wenn Ihnen unser Reiseführer gefällt, freuen wir uns über eine positive Bewertung bei Ihrem Internethändler. Sollte das Gegenteil der Fall sein, setzen Sie sich gerne direkt mit uns in Verbindung, wir stehen für konstruktive Anmerkung offen. Da sich Telefonnummern, Internetseiten und örtliche Gegebenheiten von einem Tag auf den anderen ändern können, nehmen wir Korrekturvorschläge gerne an.

Weitere Reiseführer aus unserem Verlag

Kreuzfahrt Madeira und Kanaren –
ISBN Buch: 978-3-946280-26-2
ISBN E-Book: 978-3-946280-34-7
ASIN: B01F3STFFE

Krk –
ISBN Buch: 978-3-946280-17-0
ISBN E-Book: 978-3-946280-12-5
ASIN: B017WDI53G

Amsterdam –
ISBN Buch: 978-3-946280-21-7
ISBN E-Book: 978-3-946280-04-0
ASIN: B015WKTX8W

Nürnberg -
ISBN Buch: 978-3-946280-18-7
ISBN E-Book: 978-3-946280-00-2

ASIN: B015WKTUNU

Salzburg -
ISBN Buch: 978-3-946280-24-8
ISBN E-Book: 13: 9783946280019
ASIN: B0158B5ZC8

Kopenhagen -
ISBN Buch: 978-3-946280-25-5
ISBN E-Book: 978-3-946280-03-3
ASIN: B015D045U2

Danzig -
ISBN Buch: 978-3-946280-23-1
ISBN E-Book: 978-3-946280-06-4
ASIN: B015WKTRA6

Sevilla –
ISBN Buch: 978-3-946280-22-4
ISBN E-Book: 978-3-946280-09-5
ASIN: B015WKTK8K

Prag –
ISBN Buch: 978-3-946280-20-0
ISBN E-Book: 978-3-946280-08-8
ASIN: B015WKTUNU

und mehr